Betriebliches Vorschlagswesen

AF004710

Kreatives Management

Beiträge zum Ideen- und Innovationsmanagement

Herausgegeben von

IDEE-SUISSE®
Schweizerische Gesellschaft
für Ideen- und Innovationsmanagement

Gegründet von Dr. rer. pol. Olaf J. Böhme (Zürich)

Band 2

PETER LANG
Bern · Berlin · Bruxelles · Frankfurt am Main · New York · Oxford · Wien

Norbert Thom

Betriebliches Vorschlagswesen

Ein Instrument der Betriebsführung
und des Verbesserungsmanagements

PETER LANG
Bern · Berlin · Bruxelles · Frankfurt am Main · New York · Oxford · Wien

Bibliografische Information Der Deutschen Bibliothek
Die Deutsche Bibliothek verzeichnet diese Publikation in der Deutschen
Nationalbibliografie; detaillierte bibliografische Daten sind im Internet über
‹http:/dnb.ddb.de› abrufbar.

ISBN 3-906761-66-5
ISSN 0176-1838

6., überarbeitete und ergänzte Auflage

© Peter Lang AG, Europäischer Verlag der Wissenschaften, Bern 2003
Hochfeldstrasse 32, Postfach 746, CH-3000 Bern 9
info@peterlang.com, www.peterlang.com, www.peterlang.net

Alle Rechte vorbehalten.
Das Werk einschliesslich aller seiner Teile ist urheberrechtlich geschützt.
Jede Verwertung ausserhalb der engen Grenzen des Urheberrechtsgesetzes
ist ohne Zustimmung des Verlages unzulässig und strafbar.
Das gilt insbesondere für Vervielfältigungen, Übersetzungen, Mikro-
verfilmungen und die Einspeicherung und Verarbeitung in elektronischen
Systemen.

Anschrift des Autors:

Prof. Dr. Norbert Thom
Direktor des Instituts für Organisation und Personal
der Universität Bern
Engehaldenstrasse 4

CH-3012 BERN

Die **erste** Auflage dieser Publikation (ohne Anhang) ist 1983 als Bericht 22 der Deutschen Vereinigung zur Förderung der Weiterbildung von Führungskräften (Wuppertaler Kreis) e.V. im Verlag Deutscher Wirtschaftsdienst DWD, Köln, unter dem Titel:

Betriebliches Vorschlagswesen als Instrument der Betriebsführung – Empirische Erkenntnisse und Gestaltungsempfehlungen

erschienen.

Zweite, erweiterte Auflage 1985 (Verlag Peter Lang AG)
Dritte, erweiterte Auflage 1991 (Verlag Peter Lang AG)
Vierte, durchgesehene Auflage 1993 (Verlag Peter Lang AG) unter dem Titel „Betriebliches Vorschlagswesen. Ein Instrument der Betriebsführung – Empirische Erkenntnisse und Gestaltungsempfehlungen."
Fünfte, überarbeitete und ergänzte Auflage 1996 (Verlag Peter Lang AG) unter dem Titel „Betriebliches Vorschlagswesen. Ein Instrument der Betriebsführung und des Verbesserungsmanagements."
Sechste, überarbeitete und ergänzte Auflage 2003 (Verlag Peter Lang AG)

Geleitwort zur 6. Auflage

Nichts auf der Welt ist so mächtig wie eine Idee, deren Zeit gekommen ist. (Victor Hugo)

Werden die verschiedenen Auflagen des zweiten Bandes der Schriftenreihe «Kreatives Management – Beiträge zum Ideen- und Innovationsmanagement» seit 1985 miteinander verglichen, so fällt auf, dass die Inhalte und Aussagen der einzelnen Ausgaben eine evolutionäre Entwicklung eines jungen Fachgebiets innerhalb der Innovationslehre nach zeichnen. Die Thematik hierzu kann treffend mit «Vom Betrieblichen Vorschlagswesen (BVW) zum ganzheitlichen Ideen-Management (IM)» umschrieben werden.

Die von Prof. Dr. Norbert Thom – unter Mitwirkung seiner Mitarbeiterinnen und Mitarbeiter vom Institut für Organisation und Personal der Universität Bern und in Zusammenarbeit mit IDEE-SUISSE® – Schweizerische Gesellschaft für Ideen- und Innovationsmanagement – verfasste Publikation hat sich seit ihrem erstmaligen Erscheinen im Jahre 1983 bis heute von einem Sachbuch zu einem Standardwerk des Verbesserungsmanagements im deutschsprachigen Raum entwickelt. Die einzelnen Auflagen zeigen in ihrer thematischen und auch inhaltlichen Aufbereitung die Weiterentwicklung des von Alfred Krupp begründeten und von Günther Höckel weitergeführten traditionellen Betrieblichen Vorschlagswesens über ein modifiziertes Vorschlags- bzw. Verbesserungsmangement bis hin zum «Ideenmanagement». Auf diese Weise lässt sich nachvollziehen, welche Änderungen nötig waren, um dieses Instrument in den mitarbeiterorientierten und -einbeziehenden Verbesserungsprozess einfügen zu können. Dazu kommt, dass neue Orientierungen auch dazu führten, andere Ideengenerierungsbereiche (wie z. B. Wertanalyse, Projektgruppenarbeit, Qualitätszirkel, Problemlösungsteams, Lernstatt usw.) in diesen Prozess zu integrieren, so dass sich mit der Zeit ein Führungsinstrument herausgebildet hat, von dem gesagt werden kann, dass es im Rahmen eines ganzheitlichen Verbesserungsmanagements einen bewährten Platz gefunden hat.

Auf dieser Grundlage nimmt sich das Ideenmanagement dem latent vorhandenen Geistkapital der Menschen an. Mit Konosuke Matsushita, Japans erfolgreichstem Unternehmer, kann somit gesagt werden: «Nur mit Hilfe der kombinierten Verstandeskräfte aller Mitarbeiter kann ein Unternehmen den Turbulenzen und Zwängen der heutigen Zeit die Stirn bieten».

Die Aussage Matsushitas deutet darauf hin, dass in unserem «altbewährten» europäischen Vorschlagswesen mehr enthalten ist, als man bis weit in die achtziger Jahre angenommen hat. Zum Glück hat sich dieses Verbesserungsinstrument seit den neunziger Jahren des 20. Jahrhunderts stetig zu einem ganzheitlichen Ideenmanagement in den Unternehmungen entwickelt. Es ist somit mehr und mehr zu einer ernstzunehmenden Gestaltungsherausforderung im Rahmen des «Kontinuierlichen Verbesserungsprozesses (KVP bzw. Kaizen)» sowohl in der Wirtschaft als auch in der Verwaltung und in der Lehre geworden. Unterstützend kommt hinzu, dass dabei auch die zunehmende Bedeutung der «organisierten Intelligenz» (nach Emil Küng), welche Wissen, Können und Erfahrung des arbeitenden Menschen umfasst, an Bedeutung gewonnen hat. Diese wiederum erhielt vor allem durch die «wirtschaftliche Kreativität» eine Ergänzung. Beide Faktoren haben mitgeholfen, dass durch Ideen Verbesserungen und Neuerungen hervorgebracht werden, die ihrerseits die Innovationskraft stärken helfen und Marktleistung bewirken. Damit erhält die unternehmerische Zielsetzung eine stärkere Ausrichtung auf die Schaffung von Arbeitsplätzen und die Sicherung des allgemeinen Wohlstandes. Das Geistkapital bekommt auf diese Weise seine verdiente Aufwertung als «vierter» volkswirtschaftlicher Produktionsfaktor.

Erstmals hat auf diesen evolutionären Prozess im Rahmen des Vorschlagswesens der Vorschlagspraktiker und Ingenieur Siegfried Spahl in seinem «Handbuch Vorschlagswesen» 1975 aufmerksam gemacht. Er bezeichnete sehr treffend diese signifikante Entwicklung als die «Mobilisierung des Geistes im Menschen» und kreierte dazu bereits im Jahre 1974 den Begriff «Ideenmanagement». Für Spahl vereint die neue Wortschöpfung alle Arten von Möglichkeiten der Generierung von Ideen in einem System, «das sich der Nutzung aller Ideen-

und Kreativitätsmethoden auf breiter Basis verschreibt und alle diese Aktivitäten, die in einem Nahverhältnis oder in einer Wechselbeziehung zum Vorschlagswesen stehen, mit einschließt». Auf diese Weise steht nicht mehr der Systemgedanke im Vordergrund, sondern die Idee, der Einfall, die Initiative des denkenden Menschen.

Das Ideenmanagement ist somit nach Spahl ein «übergreifender methodischer Ansatz» mit Zukunftsorientierung. Das bedeutet, dass das konventionelle «Betriebliche Vorschlagswesen (BVW)» mit seiner starren, zentralen und hierarchischen Organisationsstruktur und seinen verwaltungsinternen Abläufen mehr und mehr der evolutionären Transformation unterworfen ist. Das heißt, dass diese auf einen gesamtheitlichen Prozess zusteuert, der weniger «nur» mit Verbesserungsvorschlägen, sondern vor allem mit originären Einfällen, d. h. Ideen, zu tun hat. In diesem Zusammenhang erhält die Idee als Ursprung jeder Innovation erste Priorität; denn – um mit Albert Einstein zu sprechen – «Phantasie ist mehr als Wissen» und nach Gottlieb Duttweiler ist «eine Idee mehr wert als Subventionen». Sie ist: Kapital!

Diese Grundlagen kommen in der neuesten Auflage der vorliegenden Publikation von Prof. Dr. Norbert Thom deutlich zur Sprache. Das bedeutet, dass die überschaubare und verständliche Darstellung der gesamten Thematik sowohl interessierte Führungskräfte als auch nicht spezialisierte Mitarbeitende und Studierende gleichermaßen anspricht. Ferner vermittelt der praxisnahe Einblick in die Gestaltungsmöglichkeiten des Ideenmanagements einen mehr problemlösungs- als wissensorientierten Ansatz. Bereichert wird dieser dazu durch praxiserprobte Empfehlungen, welche zu einer zweckmäßigen Organisations-, Motivations- und Führungsform im Unternehmen führen. Dabei geht es letztlich um Ziel- und Nutzenerwägungen sowie um die Maßstäbe zur Messung der Effizienz eines Führungsinstruments, das auf die Förderung der Innovationskultur in der Unternehmung gerichtet ist.

In diesem Kontext kommt gesamthaft die Aktivierung der latent vorhandenen kreativen und innovativen Fähigkeiten der Mitarbeitenden und der Führungskräfte zum Zuge. Denn Innovation fordert den Abschied vom Bewährten und ist daher auch mit Risiken verbunden. Aber: der bisherige Erfolg ist immer der Feind der Innovation. Darum gilt es, die alten Gewohnheiten abzulegen und traditionsgebundene Strukturen zu beseitigen. Um das zu erreichen, muss in einem stetigen Prozess alles daran gesetzt werden, die Innovationskraft in den Unternehmungen zu fördern. Das setzt eine Mobilisierung der Geisteskräfte durch das Management und eine effiziente Nutzung des Wissens- und des Ideenpotenzials aller Mitarbeitenden durch die Führungskräfte voraus. Denn – und das ist immer noch eine altbewährte Weisheit:

> «*Wer heute das Wissens- und Ideen-Potenzial des Menschen nicht zu nutzen weiß, verkauft die Zukunft!*»

* * * *

Als Herausgeber der Schriftenreihe freue ich mich, dass im zweiundzwanzigsten Jahr der IDEE-SUISSE® das Standardwerk «Vorschlagswesen – ein Instrument der Betriebsführung und des Verbesserungsmanagements» in sechster Auflage erscheint.

Ein Dank an den Verlag und vor allem an Prof. Dr. Norbert Thom. Er hat zusammen mit seinem Team in der Schweiz viel zum Verständnis des Verbesserungs- und Innovationsmanagements beigetragen. Hierfür erhielt er bereits 1993 von unserem Verband den «Goldenen Ideen-Oskar©».

Gerne wünsche ich der neuesten Auflage eine weitere gute und erfolgreiche Aufnahme in einer breiten, interessierten Leserschaft.

Zürich, Sommer 2003　　　　　　　　　　　Dr. rer. pol. Olaf J. Böhme
　　　　　　　　　　　　　　　　　　　　Präsident der IDEE-SUISSE®

Vorwort (Auszug) zur 5. Auflage

Mit dieser Schrift verfolge ich die Absicht, in überschaubarer Darstellung interessierten Führungskräften einen Einblick in die Gestaltungsmöglichkeiten und Leistungsfähigkeiten des Betrieblichen Vorschlagswesens (BVW) zu geben. Es ist mir möglich, dabei auf eine Reihe von Vorarbeiten Bezug zu nehmen, die ich überwiegend mit verschiedenen Koautoren bereits an anderer Stelle publiziert habe. Diese Veröffentlichungen sind allerdings teilweise vergriffen, teilweise in sehr spezialisierten Fachzeitschriften erschienen und vor allem hinsichtlich Erscheinungsort und -jahr recht verstreut.

Im vorliegenden Buch fasse ich nun – in zielgruppenspezifischer Aufbereitung – wichtige und auch für den heutigen Stand noch aufschlussreiche Einzelergebnisse mehrerer Untersuchungen zum BVW zusammen. Diese Erhebungsergebnisse sollen zum einen den Führungskräften Orientierungshilfen für ihre betrieblichen Gestaltungsvorhaben liefern und zum anderen meine eigenen Gestaltungsempfehlungen (Soll-Aussagen) empirisch fundieren.

Die fünfte Auflage ist an relativ vielen Stellen ergänzt worden und berücksichtigt nun auch Studien neueren Datums. Auf untersuchungsmethodische und innovationstheoretische Ausführungen wird in diesem praxisbezogenen Beitrag so weit wie möglich verzichtet.

Mein Dank gilt an dieser Stelle meinen früheren Mitarbeitern in den verschiedenen Untersuchungsprojekten. Hier sind vor allem Klaus Heinz Losse, Herbert Post, Peter Lüders, Karl-Hermann Büsch, Dr. Anton Bumann, Dr. Jean-Marc Vonlanthen, Stefano Di Renzo, Eric Pfister und meine jetzige Mitarbeiterin Michèle Etienne zu nennen. Des weiteren bedanke ich mich bei zahlreichen befragten Führungskräften, BVW-Beauftragten, Betriebsräten und Belegschaftsangehörigen für ihre große Auskunftsbereitschaft.

Bezüglich der ergänzenden Informationen im Anhang möchte ich auf die Unterstützung durch die IDEE-SUISSE, insbesondere ihrem Präsidenten, Herrn Dr. rer. pol. Olaf J. Böhme, Zürich, hinweisen. In diesem Anhang werden IDEE-SUISSE-Arbeitsergebnisse Gestaltungshilfen dokumentiert. Dort wurden einige Ideen aus meinem Text aufgegriffen und teilweise wörtlich übernommen. Insgesamt trägt jedoch die IDEE-SUISSE die alleinige Verantwortung dafür.

Bern, im Februar 1996

Vorwort zur 6. Auflage

Es freut mich außerordentlich, dass im Jahre 2003 eine 6. Auflage dieses „Longsellers" erscheinen kann. Der Grund dafür liegt darin, dass sich die Kerninhalte dieses Buches zu einem „Klassiker" entwickelt haben. Die ersten sechs Kapitel habe ich wie in der 5. Auflage belassen. Änderungen wurden nur bezüglich der nationalen Vorschlagswesenstatistiken, der Zitierweise und der neuen Rechtschreibung vorgenommen. Im Weiteren wurde der Anhang bereinigt und die Literatur punktuell ergänzt. Um die Aktualität zu erhöhen, habe ich das Buch um ein neues Kapitel 7 erweitert, welches die jüngeren Trends des Betrieblichen Vorschlagswesens/Ideenmanagements aufzeigt.

Mein großer Dank gebührt zwei Personen:
- Anja Habegger, lic. rer. pol.: Sie leistete inhaltliche Inputs durch eine eigene Studie auf dem Gebiet des Vorschlagswesens, welche im gemeinsam verfassten Kapitel 7 Eingang gefunden hat.
- Karin Brezovski, lic. rer. pol.: Sie war für die inhaltliche und formale Aktualisierung der 6. Auflage verantwortlich.

Ich danke meinen beiden wissenschaftlichen Assistentinnen herzlich für ihren wertvollen Einsatz und ihre Sorgfalt.

An Rückmeldungen und Verbesserungsvorschlägen aus dem Kreise der Leserschaft bin ich stets interessiert.

Bern, im Juni 2003

Prof. Dr. Norbert Thom

Inhaltsverzeichnis

Verzeichnis der Abbildungen	15
Verzeichnis der Tabellen	16
Verzeichnis der Abkürzungen	18

1. Entwicklung, Anliegen und Abgrenzung des Betrieblichen Vorschlagswesens (BVW) — 21
2. Ziele des Betrieblichen Vorschlagswesens und Maßstäbe zur Messung der BVW-Effizienz — 29
3. Barrieren, die von der Einreichung möglicher Verbesserungsvorschläge abhalten — 47
4. Das Betriebliche Vorschlagswesen als Gestaltungsbereich der Betriebsführung — 53
   - 4.1 Die Unternehmungskultur — 53
   - 4.2 Einordnung in das betriebliche Ziel- und Strategiesystem — 56
   - 4.3 Werbung für das Betriebliche Vorschlagswesen — 57
   - 4.4 Das Anreizsystem für Teilnehmer am Betrieblichen Vorschlagswesen — 60
     - 4.4.1 Das materielle Anreizsystem — 61
       - 4.4.1.1 Verbesserungsvorschläge mit quantifizierbarem Nutzen — 61
       - 4.4.1.2 Verbesserungsvorschläge mit nicht quantifizierbarem Nutzen — 66
       - 4.4.1.3 Der Kreis der Prämienberechtigten — 67
       - 4.4.1.4 Die Festlegung von Ausschlusszeiten — 68
     - 4.4.2 Das immaterielle Anreizsystem — 69
   - 4.5 Die Organisation des Betrieblichen Vorschlagswesens — 76
     - 4.5.1 Ablauforganisatorische Aspekte — 77
       - 4.5.1.1 Der Einreichungsweg — 77
       - 4.5.1.2 Die Anonymitätswahrung — 78
       - 4.5.1.3 Die Vorschlagsbearbeitung — 80
     - 4.5.2 Aufbauorganisatorische Aspekte — 80
       - 4.5.2.1 Das Topmanagement — 81
       - 4.5.2.2 Der Vorgesetzte — 86
       - 4.5.2.3 Der Betriebsrat — 87
       - 4.5.2.4 Der BVW-Beauftragte — 92
       - 4.5.2.5 Der Fachgutachter — 99
       - 4.5.2.6 Die Prüfungs- und Bewertungskommission — 100
       - 4.5.2.7 Die Rekursstelle — 101

| | | 4.5.3 | Formale und informale Gruppen im Betrieblichen Vorschlagswesen | 105 |

5. Bezugsrahmen für das Vorschlagswesen und seine Stellung im Innovationsinstrumente-Mix   123

6. Das Vorschlagswesen in den Neunziger Jahren – Erkenntnisse aus einer Befragung in der Schweiz   133
   - 6.1 Vorbemerkungen   133
   - 6.2 Hauptansatzpunkte zur Weiterentwicklung des Vorschlagswesens   133
     - 6.2.1 Vielfältige Anwendungsmöglichkeiten   133
     - 6.2.2 Vorschläge aus dem eigenen Arbeitsbereich   135
     - 6.2.3 Integration des Vorschlagswesens in ein umfassendes Konzept   136
     - 6.2.4 Frühzeitiger Rat von Experten   136
     - 6.2.5 Vom punktuellen zum kontinuierlichen Verbesserungsprozess   136
     - 6.2.6 Einführung von Vorschlagsgruppen   137
     - 6.2.7 Teilnahmeberechtigung für Führungskräfte   137
     - 6.2.8 Vorgesetzter als direkter Ansprechpartner und „Coach"   138
   - 6.3 Voraussetzungen für ein neues Vorschlagswesen   138
     - 6.3.1 Unternehmungskultur ohne Misstrauen   138
     - 6.3.2 Kooperative Zielvereinbarung   139
     - 6.3.3 Vorgesetzter als Innovationspromotor   140
     - 6.3.4 Ausgewogene Anreizsysteme   140
   - 6.4 Fortlaufende Kontrolle und Weiterentwicklung   142

7. Entwicklungstendenzen im Vorschlagswesen/Ideenmanagement nach dem Jahr 2000   145
   - 7.1 Entwicklungstendenzen im Vorschlagswesen   146
     - 7.1.1 Ausweitung des Teilnehmerkreises auf Führungskräfte   146
     - 7.1.2 Verbesserungsvorschläge aus dem eigenen Arbeitsbereich   147
     - 7.1.3 Gruppenarbeit   148
     - 7.1.4 Ideendatenbanken   149
     - 7.1.5 Ideenmanagement   149
     - 7.1.6 Schnelle Bewertung der Verbesserungsvorschläge   151
   - 7.2 Zwischenbilanz   151
   - 7.3 Erweiterter Bezugsrahmen   153

Anhangsverzeichnis   157
Literaturverzeichnis   187
Sachregister   211

Verzeichnis der Abbildungen

Abb. 1:	Wichtige und sehr wichtige BVW-Ziele (Soll-Vorstellungen)	33
Abb. 2:	Ist- und Soll-Ziele des Vorschlagswesens und deren Präferenzordnung	38
Abb. 3:	Fähigkeits-, Willens- und Risikobarrieren gegen die Beteiligung am Vorschlagswesen	48
Abb. 4:	Einfache Darstellung der BVW-Organisation für die Belegschaftsinformation	104
Abb. 5:	Grundmodell einer BVW-Organisation	106
Abb. 6:	Grundmodell der BVW-Bearbeitung	107
Abb. 7:	Vergleich von Gruppenvorschlagswesen und Qualitätszirkeln anhand ausgewählter Merkmale	118
Abb 8 :	Bezugsrahmen zur Erklärung der BVW-Effizienz	124
Abb. 9:	Aussagen von BVW-Beauftragten aus industriellen Großunternehmungen zur Weiterentwicklung des BVW als Personalentwicklungsinstrument (Spitzengruppen-Befragung)	128
Abb.10:	Der Innovationsinstrumente-Mix	130
Abb.11:	Absichten hinsichtlich der Weiterentwicklung des BVW-Konzeptes	134
Abb.12:	Erweiterter Bezugsrahmen für das BVW/Ideenmanagement	154

Verzeichnis der Tabellen

Tab. 1:	Die Entwicklung des Vorschlagswesens von 1750–1950	23
Tab. 2:	BVW-Ist-Ziele im Vergleich: 1978–1980/81	31
Tab. 3:	BVW-Ziele von BR und BVW-Beauftragten im Soll-Ist-Vergleich	35
Tab. 4:	Vorschlagswesen in der Bundesrepublik Deutschland – Entwicklung 1996–2002 nach Auswertung des DIB	43
Tab. 5:	Vorschlagswesen in Österreich – Entwicklung 1999–2002 nach Auswertung des ÖPWZ	44
Tab. 6a:	Vorschlags-Statistik 1997–1999 – Schweiz und Fürstentum Liechtenstein nach Auswertung der SAV	45
Tab. 6b:	Vorschlags-Statistik 2000–2002 – Schweiz und Fürstentum Liechtenstein nach Auswertung der SAV	46
Tab. 7:	Genutzte Werbemittel für das Vorschlagswesen in der „Spitzengruppen-Befragung"	58
Tab. 8:	BVW-Beteiligungsmotive (Ergebnisse einer Belegschaftsbefragung: Mitarbeiter ohne Vorgesetztenfunktion)	71
Tab. 9:	Beweggründe für eine Teilnahme am BVW	74
Tab. 10:	Entwicklung des TM-Interesses am BVW	82
Tab. 11:	TM-Unterstützung für das BVW nach Einschätzung der BVW-Beauftragten	84
Tab. 12:	Zusammenhang zwischen TM-Unterstützung des BVW und Interesse der Belegschaft am BVW nach Einschätzung von BVW-Beauftragten (70 auswertbare Fälle)	84

Tab. 13:	Kritik der Betriebsräte am BVW – Ein Vergleich zweier Umfragen	91
Tab. 14:	Zusammenhang zwischen fachlicher Zuordnung der BVW-Einheit und Beteiligungs- bzw. Annahmequote in der „Spitzengruppen-Befragung"	95
Tab. 15:	Einstellung zum Gruppenvorschlagswesen in einem mittelgroßen Industriebetrieb (anonyme Belegschaftsbefragung)	113
Tab. 16:	Welche Erfahrungen haben Sie mit dem Gruppenvorschlagswesen in Ihrer Unternehmung gemacht?	115

Verzeichnis der Abkürzungen

A	Austria (Österreich)
Abb.	Abbildung
Abs.	Absatz
AG	Aktiengesellschaft
Anm. d. Verf.	Anmerkung des Verfassers
ASS	Association Suisse pour le service de suggestions
AT	außertariflich
Aufl.	Auflage
BAG	Bundesarbeitsgericht
Bd.	Band
BR	Betriebsrat/Betriebsräte
BVW	Betriebliches Vorschlagswesen
bzw.	beziehungsweise
CH	Confoederatio Helvetica (Schweiz)
D	Deutschland
DAG	Deutsche Angestellten-Gewerkschaft
DDR	Deutsche Demokratische Republik
d. h.	das heißt
DIB	Deutsches Institut für Betriebswirtschaft e.V. (jetzt GmbH)
Diss.	Dissertation
DM	Deutsche Mark
EDV	Elektronische Datenverarbeitung
ESSA	European Suggestion Schemes Association
etc.	et cetera
e. V.	eingetragener Verein
f.	folgende
ff.	fortfolgende
FuE	Forschung und Entwicklung
GB	Great Britain (Großbritannien)
ggf./ggfs.	gegebenenfalls
Hrsg./hrsg.	Herausgeber/herausgegeben
IDEE-SUISSE	Schweizerische Gesellschaft für Ideen- und Innovationsmanagement
i. d. R.	in der Regel
IG	Industrie-Gewerkschaft
inkl.	inklusive

IOP	Institut für Organisation und Personal
Jg.	Jahrgang
KMU	Kleine und mittlere Unternehmen
KVP	Kontinuierlicher Verbesserungsprozess
NASS	National Association of Suggestion Systems
NL	Niederlande
o. J.	ohne Jahr
ÖPWZ	Österreichisches Produktivitäts- und Wirtschaftlichkeits-Zentrum
o. S.	ohne Seite
ÖTV	Gewerkschaft Öffentliche Dienste, Transport und Verkehr
o. V.	ohne Verfasser
p	Irrtumswahrscheinlichkeit
PE	Personalentwicklung
QZ	Qualitätszirkel
resp.	respektive
S	Schweden
S.	Seite
SAV	Schweizerische Arbeitsgemeinschaft Vorschlagswesen und Ideenmanagement. Seit 1. 1. 2000: Schweizerische Arbeitsgemeinschaft für Verbesserungsprozesse
Sp.	Spalte
Tab.	Tabelle
TM	Topmanagement
TQM	Total Quality Management
u. a.	und andere/unter anderem
UBS	United Bank of Switzerland
USA	United States of America
usw.	und so weiter
u. U.	unter Umständen
v. a.	vor allem
vgl.	vergleiche
Vpn	Versuchsperson
VV	Verbesserungsvorschlag
VW	Vorschlagswesen
z. T.	zum Teil

Hinweis zum grammatikalischen Geschlecht im gesamten Text: Es sind immer beide natürlichen Geschlechter gemeint.

1. Entwicklung, Anliegen und Abgrenzung des Betrieblichen Vorschlagswesens (BVW)

Ein gut funktionierendes BVW, heute oft nur Vorschlagswesen (VW) genannt (vgl. Bumann 1991: 21), ist ein Instrument zur *wirtschaftlichen* und *menschengerechten* Betriebsführung. Es hilft den Verantwortlichen für die Betriebsführung unter anderem bei ihren Bemühungen um:

- Rationalisierung und Wirtschaftlichkeitsverbesserung,
- Motivation und Entwicklung der Mitarbeiter und
- permanente Innovation in kleinen Schritten.

Bei der hohen Bedeutung solcher Ziele sowohl für Arbeitgeber als auch für Arbeitnehmer ist es erstaunlich, dass das BVW in den letzten Jahren nur begrenzt weitere Anwender fand und auch seine Effizienzentwicklung (etwa an der Beteiligungsquote gemessen) im Gesamtdurchschnitt der deutschsprachigen Länder nur relativ geringe Änderungen aufweist. Insbesondere bei kleinen und mittleren Unternehmungen ist noch ein erheblicher Nachholbedarf festzustellen. Dies geht u. a. aus einer vom Bayerischen Staatsministerium für Arbeit und Sozialordnung (1984) durchgeführten Studie hervor, der zufolge zwar 80 % der Betriebe mit 1'000 und mehr Beschäftigten ein Vorschlagswesen haben; in der Betriebsgrößenklasse 200 bis 499 Beschäftigte ist nur in 34 % der Fälle ein BVW vorhanden und in Betrieben mit 100 bis 199 Mitarbeitern gar nur in 15 % der Fälle (vgl. zum Verbreitungsgrad u. a. auch bei Brinkmann 1987: 113). Stellenweise ist zu befürchten, dass die Einsatz- und Leistungsmöglichkeiten dieses Betriebsführungsinstrumentes durch die Propagierung anderer Instrumente (z. B. Fehlerquellen-Hinweisaktionen, Null-Fehlerprogramme, Werkstattzirkel, Lernstattzentren, Qualitätszirkel, Ideenteams, Kaizen etc.) ein wenig in Vergessenheit geraten. Eine lange Tradition – das BVW hat eine über 130-jährige – kann sogar zum Etikett „Altbewährtes" (vgl. von Plüskow 1981: 144) führen, wobei der Unterton mitschwingt, vielleicht doch nicht ganz auf der Höhe der Zeit zu liegen. Zeigt eine solche Tradition nicht auch, dass manche Modewellen überstanden wurden, dass viele Erfahrungen – gute und schlechte

– vorliegen müssen, aus denen jeder Anfänger lernen kann? Und dennoch: auch nach vielen Jahrzehnten seit der Ersteinführung gab es in beachtlichem Umfang *Unkenntnis über die Funktionsweise des BVW*. So antwortete beispielsweise etwa ein Drittel der Geschäftsführer von Mittelbetrieben, die vom Organisationsseminar der Universität zu Köln (Bearbeitung durch Lüders 1981) befragt wurden, es hätte ein BVW deshalb noch nicht eingeführt, weil man „mit der Thematik nicht vertraut" sei. Dies allein scheint Grund genug, für Führungskräfte (nicht BVW-Spezialisten) hiermit eine komprimierte Information zum BVW anzubieten, die soweit wie möglich auf empirische Erhebungen zurückgreift, um damit dem Vorwurf mangelnder Realitätsnähe oder gar schönfärbender Werbung entgegenzutreten (vgl. von Bessoth 1975: 3).

Wer sich für die *Geschichte* des BVW in Deutschland und in der Schweiz genauer interessiert, kann sie in informativen Quellen nachlesen (vgl. Michligk 1953; Reißinger 1974; Grochla 1978 und für die Schweiz bei Böhme 1977: 4 f.). Besonders bemerkenswert erscheint mir hier der Pioniergeist von Alfred Krupp, der bereits 1872 die Institutionalisierung dieses Instrumentes veranlasste. Einen Überblick zur Entwicklung des BVW enthält die nachstehende Tabelle (vgl. Tab. 1) von S. Spahl (vgl. 1990: 180).

In der Bundesrepublik Deutschland wurden die Reaktivierung sowie die Neukonzipierung des BVW insbesondere von *vier Mitgliedsinstituten des Wuppertaler Kreises e. V.* gefördert:

(1) der Arbeitsgemeinschaft für wirtschaftliche Betriebsführung und soziale Betriebsgestaltung e. V. (ASB),
(2) der Deutschen Gesellschaft für Personalführung e. V. (DGfP),
(3) dem Rationalisierungskuratorium der deutschen Wirtschaft e. V. (RKW) und vor allem vom
(4) Deutschen Institut für Betriebswirtschaft e. V. (DIB).

Tab. 1: Die Entwicklung des Vorschlagswesens von 1750 bis 1950

1750	Schwedisch Königliche Kommission, Stockholm	S		1921	Landis & Gyr AG, Zug	CH
					Belden Wire & Cable	USA
1800					Lucas Industries PLC	USA
1880	William Denny Shipbuilding Company, Glasgow	GB		1923	Bank of America SFO	USA
				1924	Pacific Gas & Electric	USA
	Yale & Towne Manufacturing Company, Stanford (1885 Gewerblicher Rechtsschutz in Japan)	USA		1925	Philips, Eindhoven	NL
					Werkspoor Eng. and Manufacturing	NL
					Hoogovens, Ijmuiden	NL
1888	Alfred Krupp/Gen. Regulativ Paragr. 13, Essen (Entwurf v. 9. 9. 1872)	D			Steyr-Daimler-Puch	A
				1927	Schweiz. Bundesverwaltung	CH
1894	National Cash Register Co. (NCR)	USA			Schweiz. PTT-Betriebe	CH
1895	Heinrich Lanz AG, Mannheim (später John Deer Werke)				Schweiz. Bundesbahnen(SBB)	CH
				1928	Österr. Alpine Montan, Eisenerz	A
	(1897 Österreichisches Patentgesetz)	D			Osram	D
1898	Eastman Kodak Co.	USA			Phoenix	D
1899	Bauch & Lomb	USA		1929	Deutsche Reichsbahn	D
	Westinghouse	USA		1930	IBM-Schweiz, Zürich	CH
	Western Electric	USA			Ernst Heinkel Flugzeugwerk, Warnemünde	D
1900						
1900	Bally Schuhfabriken A.G., Schönenwerd	CH		1932	Farbenwerke Hoechst AG	D
					Bosch GmbH	D
1901	AEG Maschinenfabrik	D			Dresdner Gardinen u. Spitzen Manufaktur AG	D
1902	August Borsig	D				
1903	Royal Ordnance Factories	GB		1938	Semperit Österr. Amerikan. Gummiwerke AG	A
	Heinrich Freese, Jena	D				
1904	Zeiss-Werke, Jena	D			County of San Diego	USA
	Stork Engineering and Manufact. Works, Hengelo	NL			(1942 Gründung der NASS)	USA
				1944	Autophon AG, Solothurn	CH
	(Japan. Institut für Erfind. u. Innovation)				Scintilla AG, Solothurn	CH
					Standard Telephon u. Radio AG, Au	CH
1906	Parke-Davis & Co	USA		1945	Gebr. Bühler AG, Uzwil	CH
1909	Farbenfabriken Bayer, Leverkusen	D		1946	Viscosuisse AG, Emmenbrücke	CH
				1947	Voest, Linz	A
1910	Siemens-Schuckert-Werke	D			Ciba-Geigy AG, Basel	CH
	Philadelphia Electric	USA			Sprecher & Schuh AG, Aarau	CH
1912	Army's Ordnance Shop	USA		1948	Schweiz. Bankgesellsch., Zürich	CH
	Günther Wagner, Hannover	D		1950	Hasler AG, Bern	CH
1914	Avesta Jernverk	S			Josef Huber's Erben	A
1916	American Cast Iron Pipe	USA			Tirolia GmbH	A
1919	Department of the Navy	USA			Veitscher Magnesitwerke AG	A
	Griffin Wheel Comp.	USA			Aluminium AG, Menziken	CH

Vor über 40 Jahren begann die Entwicklung des *DIB* eine Zentralstelle für den BVW-Erfahrungsaustausch zu werden, dem sich bald die BVW-Schulung (mit Zertifizierungsmöglichkeit) und die Aufbereitung einer überbetrieblichen Vorschlagswesen-Statistik angliederten. Vom früheren DIB-Geschäftsführer, Dr. Günther Höckel, gingen entscheidende Impulse für die Förderung des Nachkriegs-BVW aus (vgl. Höckel 1964 und 1972). Seine Nachfolgerin, Lieselotte Reißinger, war 1975–1983 Schriftleiterin der Fachzeitschrift „Betriebliches Vorschlagswesen" und wirkte maßgeblich im DIB-BVW-Koordinierungsausschuss mit (vgl. das Arbeitsergebnis: DIB 1978), der langjährig eine führende Stellung in der Bundesrepublik Deutschland einnahm. 1994 wurde die Fachzeitschrift umbenannt und hieß neu: „BVW-Zeitschrift für Vorschlagswesen. Ideenmanagement in Wirtschaft und Verwaltung". Inzwischen betitelt sich die Zeitschrift als „BVW-Ideenmanagement – Vorschlagswesen in Wirtschaft und Verwaltung".

In *Österreich* ist es die *Arbeitsgemeinschaft Vorschlagswesen* (jetzt: *Ideenmanagement*) im Österreichischen Produktivitäts- und Wirtschaftlichkeits-Zentrum (ÖPWZ), die zur Weiterentwicklung des Vorschlagswesens beigetragen hat und auf dem Gebiet der Vorschlagswesen-Statistik Pionierarbeit leistete.

In der *Schweiz* haben zwei Organisationen – die *Schweizerische Arbeitsgemeinschaft Vorschlagswesen und Ideenmanagement SAV* seit 1978 und die *IDEE-SUISSE – Schweizerische Gesellschaft für Ideenmanagement* seit 1981 – die Förderung des Vorschlagswesengedankens übernommen. Im Rahmen von Weiterbildungsveranstaltungen, Tagungen und Arbeitskreisen werden Wirtschaft und Verwaltung auf die innovationsfördernden Möglichkeiten des BVW hingewiesen.

Beide Institutionen (vgl. S. 157) haben viel dazu beigetragen, dieses Instrument der Betriebsführung in der Schweiz verstärkt zum Einsatz zu bringen.

In einem Staat mit hoher Regelungsdichte wie der *Bundesrepublik Deutschland* konnte das Interesse von *Legislative, Exekutive und Jurisdiktion* am BVW nicht lange auf sich warten lassen:

- Bereits am 18. 2. 1957 erging die „Verordnung über die steuerliche Behandlung von Prämien für Verbesserungsvorschläge".

- Kurz darauf wurde im „Gesetz über Arbeitnehmererfindungen" vom 25. 7. 1957 der Begriff der „Technischen Verbesserungsvorschläge" definiert.

- Am 26. 4. 1961 folgte der „Erlaß der Bundesregierung über das Vorschlagswesen in der Bundesverwaltung (ohne Bundespost und Bundesbahn)".

- Mit dem Betriebsverfassungsgesetz vom 19. 1. 1972 (§ 87, Abs. 1, Ziffer 12) sind die Grundsätze des BVW zu einer mitbestimmungspflichtigen sozialen Angelegenheit geworden, d. h. dem Betriebsrat steht bei diesen Grundsatzentscheidungen ein erzwingbares Mitbestimmungsrecht zu (vgl. Gaul 1977: 699 ff.).

- Gut neun Jahre später (28. 4. 1981) erkennt das Bundesarbeitsgericht (BAG 1 ABR 53/79) in Abkehr von der bislang herrschenden Meinung auch die Existenz eines Initiativrechtes des Betriebsrates (BR) nach § 87, Abs. 1, Ziffer 12 des Betriebsverfassungsgesetzes an. Der BR braucht demnach nicht mehr zu warten, bis der Arbeitgeber die Vorentscheidung über die Einführung eines BVW getroffen hat (vgl. den Urteilswortlaut in Brinkmann/Heidack 1982: 280 ff.).

- Wegfall von Steuervergünstigungen für Prämien von Verbesserungsvorschlägen ab dem 1. Januar 1989.

Spätestens die BAG-Entscheidung sollte allen Führungskräften Veranlassung geben, sich eingehend mit dem BVW und den Möglichkeiten seiner Einführung im eigenen Betrieb zu befassen. Dies gilt um so mehr, als sich die Einstellung der Betriebsräte (BR) gegenüber dem BVW in den letzten Jahrzehnten laufend verbessert hat (siehe S. 85), Gewerkschaften (z. B. IG-Metall, ÖTV, DAG) Empfehlungen für die Aushandlung von Betriebsvereinbarungen formuliert haben und nun dem BVW eine Rechtsposition zugewachsen ist, die das BVW deutlich von den konkurrierenden und ergänzenden Instrumenten (z. B. Qualitätszirkel, Lernstatt) abhebt. Einen Überblick über die zu beachtenden juristischen Aspekte im Zusammenhang mit dem BVW vermitteln u. a. Schwab (1985; 1987; 1990; 1991), Emmert (1983), Schäfer (1983) und Einsele (1986).

Trotz der vielfältigen Bemühungen verschiedenster Institutionen und Personen kann ein unbefangener Betrachter der Verhältnisse in Wirtschaft und Verwaltung wohl kaum behaupten, dass das BVW in der Bundesrepublik Deutschland, in der Schweiz oder in Österreich einen befriedigenden Verbreitungsgrad (keiner kennt die genaue Zahl der Anwender) und Entwicklungsstand (gemessen an den unten genannten Effizienzkriterien) erreicht hat. Dies gilt neben der öffentlichen Verwaltung (vgl. Linder 1983) besonders für einen Großteil der mittelständischen Wirtschaft (vgl. Strebel u. a. 1979: 8). In der bereits erwähnten (unveröffentlichten) Studie des Kölner Organisationsseminars nannten die befragten Geschäftsführer aus 42 Mittelbetrieben der deutschen Maschinenbau- und Gießereiindustrie als wichtigste *Contra-BVW-Argumente* (in dieser Rangfolge):

(1) das BVW verursache zusätzlichen **Personal-, Zeit- und Arbeitsaufwand**,
(2) es bringe eine weitere **Bürokratisierung** mit sich und
(3) es erhöhe die **Einflussmöglichkeiten des BR**.

Alle diese Argumente können einer ernsthaften Prüfung kaum standhalten:

(1) Der notwendige Aufwand ist einerseits im Vergleich zum Aufwand für konkurrierende oder flankierende Instrumente (z. B. Qualitätszirkel und Ideenteams) und andererseits im Verhältnis zum (potenziellen) Nutzen zu sehen. Betriebe gleicher Größenordnung aus denselben Branchen berichteten in dieser Studie von einem Verhältnis zwischen erzielten Nettoersparnissen und ausgezahlten Prämien von 4.5 : 1 (Maschinenbau) und 5.2 : 1 (Gießereiindustrie) (vgl. Lüders 1981: 74). Dies ist keineswegs ungewöhnlich, sind doch schon günstigere Nutzen-Kosten-Relationen be-

kannt geworden (vgl. Brinkmann 1978: 38; Hentschel 1994: 81 ff.). Allerdings hängt diese Relation stark von der anteilsmäßigen Höhe der Prämien ab.

(2) Ein BVW bedarf zwar der Organisation (siehe 4.5, S. 74 ff.), doch muss diese keineswegs zu einer „Bürokratie" ausarten. Gerade für Mittelbetriebe sollten daher *einfache* Instrumente für die ordnungsgemäße Abwicklung entwickelt werden. Der bloße Hinweis auf das publizierte und dokumentierte BVW-Formularwesen der Großunternehmungen dürfte in der Tat eher abschreckend wirken. Grundsätzlich gilt jedoch, dass Organisation auch bei innovativen Prozessen (z. B. Bearbeitung und Realisierung neuer Ideen) der Improvisation und Disposition überlegen ist (vgl. Thom 1980: 195 ff.). In letzter Zeit ist verstärkt ein Trend zur Dezentralisierung des BVW festzustellen, womit ebenfalls Bürokratie abgebaut werden soll.

(3) Das dritthäufigste Contra-BVW-Argument muss inzwischen aufgrund der Rechtssprechung als überholt gelten. Der Einfluss des Betriebsrates **ist** in der *Bundesrepublik Deutschland* rechtlich gesichert. Sein BVW-Interesse und -Informationsniveau dürfte infolgedessen wachsen. Damit wird man sich also arbeitgeberseits *konstruktiv* auseinander zu setzen haben. Das BVW ist also zu einem weiteren Bereich der vertrauensvollen Zusammenarbeit zu machen. Dass dies durchaus möglich und vielfach üblich ist, zeigt eine weitere vom Verfasser geleitete Studie (vgl. Büsch/Thom 1982), auf die noch zurückzukommen sein wird (S. 80 ff.).

Demgegenüber bestehen in der *Schweiz* (vgl. zur BVW-Geschichte in diesem Land: Bumann 1991: 34 ff.) keine allgemein gültigen spezifischen Rechtsgrundlagen, wenn man von Artikel 332 a des Obligationenrechts (OR) absieht, der lediglich Einfluss auf die Prämierung von Verbesserungsvorschlägen nimmt. Das Vorschlagswesen wird hier vor allem durch betriebs- oder verwaltungsinterne Regelungen bestimmt, die zum Teil in den Gesamtarbeitsverträgen (GAV) oder in den Personalgesetzen oder Beamtenverordnungen der öffentlichen Verwaltung ihre Grundlagen haben.

Ein ernst zu nehmender Grund für den unbefriedigenden Verbreitungsgrad und Entwicklungsstand scheint darin zu liegen, dass noch in zu wenigen Betrieben das BVW als *echte Managementaufgabe*, als *Instrument der Betriebsführung* verstanden wird. Der Schwerpunkt der nachfolgenden Ausführungen soll daher auf diesen Aspekten des BVW liegen. Dabei wird unter dem BVW eine Einrichtung zur Förderung und Nutzbarmachung des Einfallsreichtums aller Arbeitnehmer eines Betriebes verstanden. An einen *Verbesserungsvorschlag* (VV) werden folgende Anforderungen gestellt (vgl. Brinkmann/Heidack 1982: 22):

- er soll eine möglichst präzis dargestellte Lösung zur Verbesserung eines gegenwärtigen Zustandes enthalten, d. h. konkret beschreiben, was verbesserungswürdig ist und konstruktiv aufzeigen, wie die Verbesserung vorgenommen werden kann (freilich wird der Reifegrad der Ausarbeitung in praxi unterschiedlich sein);

- er muss für den vorgesehenen betrieblichen Anwendungsbereich eine nutzbringende (z. B. kostenreduzierende, sicherheitsverbessernde, umweltschützende, unfallverhütende, prestigesteigernde) Neuerung darstellen;

- er wird nur dann materiell anerkannt (prämiert), wenn er nicht unmittelbares Ergebnis aus der Erfüllung der zugewiesenen Stellenaufgabe des Einreichers ist, sondern eine über den Rahmen des Arbeitsvertrages hinausgehende (freiwillige) Sonderleistung darstellt.

Die Abgrenzung von Dienstpflichten ist ein in der Praxis stark diskutiertes Thema (vgl. Spahl 1984).

2. Ziele des Betrieblichen Vorschlagswesens und Maßstäbe zur Messung der BVW-Effizienz

Jedes Instrument der Betriebsführung muss auf *Betriebsziele* ausgerichtet sein. Mit dem BVW wurden schon von den ersten Anwendern mehrere Ziele gleichzeitig verfolgt. Nicht nur Rationalisierung und Arbeitsvereinfachung, sondern auch die Möglichkeit der „Mitarbeit" (Borsig: 1902) bzw. der „freudigen, selbsttätigen Zusammenarbeit" (Siemens: 1910) werden von den BVW-Pionieren als Hauptziele erwähnt.

Zusammen mit Herbert Post führte der Verfasser 1978 in der Bundesrepublik Deutschland eine gezielte Befragung von zwölf bedeutenden und im BVW überdurchschnittlich erfolgreichen Industrieunternehmungen durch (vgl. Post/Thom 1980). In diesen zwölf Unternehmungen waren im Jahre 1977 102'735 VV eingereicht worden. Das ist mehr als die Hälfte der vom DIB 1977 erfassten Industrie-VV (198'610), etwa zwölf mal soviel wie die zur gleichen Zeit in Österreich (8'342) und in der Schweiz (8'092) statistisch erfassten VV und fast dreimal soviel wie die in Holland seinerzeit gemeldeten VV (36'940).

Unsere Frage an diese ausgewählten Unternehmungen mit langjähriger BVW-Erfahrung „Was hat Sie bzw. die damaligen Entscheidungsträger bewogen, ein BVW einzuführen?" wurde (bei Möglichkeit der Mehrfachnennung) wie folgt beantwortet:

(1) BVW als **Rationalisierungsinstrument**: 81.8 %;
(2) BVW als **Führungsinstrument**: 45.5 %.

Wir fragten damals auch danach, welche Ziele man zum Befragungszeitpunkt (1978) mit dem BVW verfolge. 1980/81 stellte der Verfasser dann in einer Untersuchung zusammen mit Karl-Hermann Büsch eine analoge Frage (Büsch/Thom 1982: 175) und ergänzte den Katalog der aufgelisteten Ziele um „Erhöhung der Arbeitssicherheit" und „Instrument der Arbeitserleichterung". Das Besondere an der zweit genannten Studie lag darin, dass gleichsam spiegelbildlich die Zielaussagen von 71 BVW-Beauftragten denen von 104 BR (dabei in 58 Fällen beide Auskunftgeber aus demselben Betrieb) gegenübergestellt werden konnten.

Die Zusammenfassung und Gegenüberstellung der Befragungsergebnisse enthält Tabelle 2. Aus ihr können wir folgende wichtige Einsichten gewinnen:

- Die führende Stellung der Ziele „Wirtschaftlichkeitsverbesserung" und „Produktivitätssteigerung" ist in allen drei Rangwertreihen gegeben. Das BVW weist demnach offensichtlich bezüglich der mit ihm angestrebten obersten Zielkategorie (*ökonomisch*-technische Ziele) ein hohes Maß an Kontinuität auf.

- Vergleicht man die Antworten der BVW-Beauftragten unserer 78er mit denen der 80/81er Umfrage, so ergibt sich darüber hinaus eine Rangplatzübereinstimmung für die Ziele „Personalführung" und „Schritthalten mit dem technischen Fortschritt".

- Abgesehen von den Zielen „Instrument der Personalführung" und „Möglichkeit zur Persönlichkeitsentfaltung", die bis zu zwei Präferenzstellen auseinander liegen können, schwanken die übrigen Ziele bei beiden Befragtengruppen maximal um einen einzigen Rangplatz.

Daraus lassen sich folgende *Schlussfolgerungen* ziehen:

- Die Rangfolge der BVW-Ziele stimmt mit wenigen, relativ geringfügigen Schwankungen in vielen Betrieben überein (vgl. hierzu auch die schweizerische Studie von A. Bumann 1989). Wirtschaftlichkeitsverbesserung steht vor Personalführung und -entwicklung sowie vor Innovationsförderung und Steigerung der Wettbewerbsfähigkeit. Der Verbesserung der Arbeitssicherheit, als wichtigem Humanisierungsziel, wird ein hoher Stellenwert eingeräumt.

Tab. 2: BVW-Ist-Ziele im Vergleich: 1978–1980/81

Präferenzskala (Rangplätze)	Befragung Post/Thom 1978	Befragung Büsch/Thom 1980/81	
		BVW-Beauftragte	BR
1	Wirtschaftlichkeitsverbesserung	Wirtschaftlichkeitsverbesserung	Wirtschaftlichkeitsverbesserung
		Erhöhung der Arbeitssicherheit	Erhöhung der Arbeitssicherheit
2	Produktivitätssteigerung	Produktivitätssteigerung	Produktivitätssteigerung
		Instrument der Arbeitserleichterung	
3	Instrument der Personalführung	Instrument der Personalführung	Schritthalten mit dem technischen Fortschritt
			Instrument der Arbeitserleichterung
4	Schritthalten mit dem technischen Fortschritt	Schritthalten mit dem technischen Fortschritt	Verbesserung der Konkurrenzsituation
5	Verbesserung der Konkurrenzsituation	Möglichkeit zur Persönlichkeitsentfaltung	Instrument der Personalführung
6	Instrument der Personalauslese	Verbesserung der Konkurrenzsituation	Möglichkeit zur Persönlichkeitsentfaltung
7	Möglichkeit zur Persönlichkeitsentfaltung	Instrument der Personalauslese	Instrument der Personalauslese

Die empirische Gültigkeit dieser BVW-Zielausssagen wird nun dadurch unterstrichen, dass die BR als wichtige Entscheidungsträger, denen nach dieser Befragungsaktion sogar das Initiativrecht zur BVW-Einführung zugesprochen wurde, die Zielrangfolge (völlig unabhängig von den BVW-Beauftragten) der Tendenz nach bestätigten.

In einer vom Verfasser im Auftrag des Schweizerischen Nationalfonds geleiteten Studie, deren Detailergebnisse in Vonlanthen (1995) enthalten sind, wurden 80 Schweizer Betriebe verschiedener Branchen zum BVW befragt, die hinsichtlich ihrer Einstellung zu diesem Instrument als überdurchschnittlich positiv eingestuft werden dürfen. Wie aus der Abbildung 1 ersichtlich ist, bestätigt auch diese Studie die bisher am häufigsten erwähnten Ziele. Nach wie vor wird den Rationalisierungen die größte Bedeutung beigemessen. Der Motivationsaspekt wird mehr betont als in der Befragung (Post/Thom 1980) in Deutschland. Der Kaizen-Gedanke kommt durch die hohe Stellung der Ziele „kleinere Verbesserungen" zum Ausdruck.

Die bisher erwähnten empirischen Untersuchungsergebnisse befassten sich mit dem **Ist**-Zustand der BVW-Ziele. Schon vor der Änderung der Rechtslage in der Bundesrepublik Deutschland erschien es uns besonders untersuchungswürdig, ob diese offiziell genannten Zielvorstellungen der Unternehmungsleitung bzw. BVW-Beauftragten auch im **Soll**-Zustand übereinstimmen oder hier auseinander gehen. In der Bundesrepublik Deutschland gibt es eine institutionalisierte Mitbestimmung. Die Arbeitnehmervertreter (BR) haben z. T. andere Auffassungen über die mit dem BVW anzustrebenden Ziele als die Unternehmungsleitungen und BVW-Beauftragten. In der 80/81er Studie haben wir daher die BR und die BVW-Beauftragten (als Arbeitgebervertreter) diesbezüglich befragt. Tabelle 3 enthält das Befragungsergebnis (siehe ergänzend auch Büsch/Thom 1982: 172).

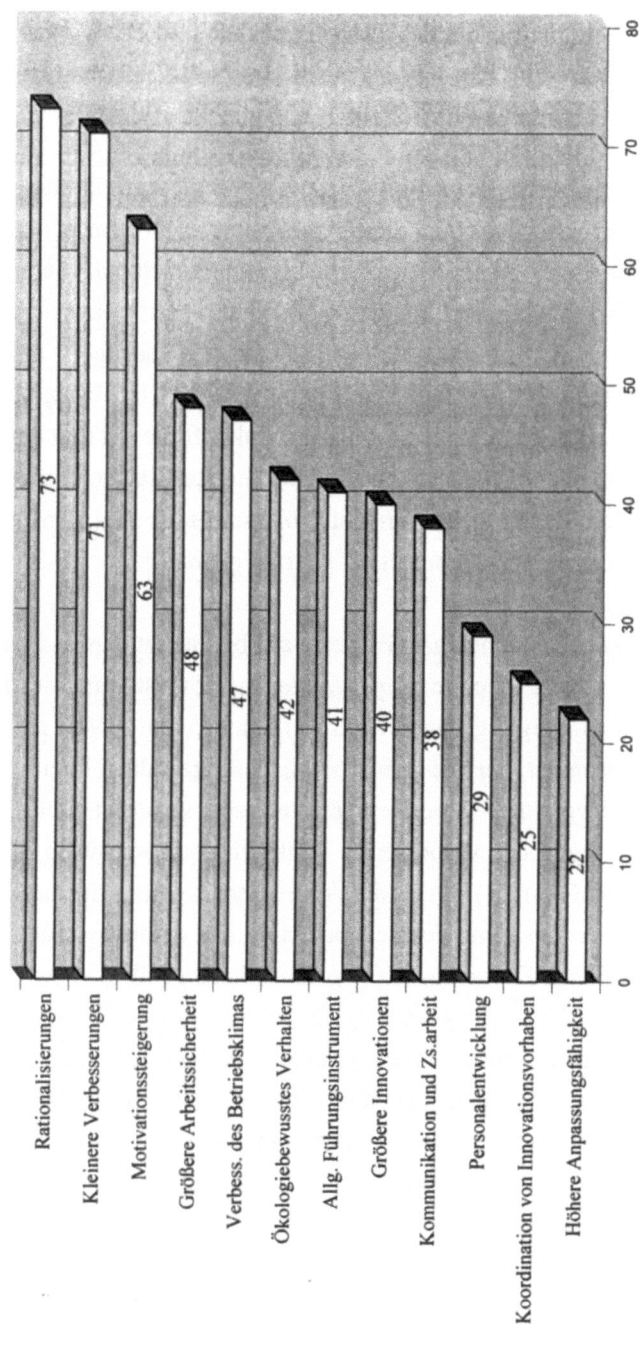

Abb. 1: Wichtige und sehr wichtige BVW-Ziele (Soll-Vorstellungen)

Ein Grund für die im Vergleich zu den 60er Jahren verbesserte Einstellung der BR gegenüber dem BVW mag darin liegen, dass die „Erhöhung der Arbeitssicherheit" nach fast übereinstimmender Aussage von BR und BVW-Beauftragten an zweiter Stelle sowohl der Ist- als auch der Soll-Ziel-Rangwertreihe erscheint. (Bei den Berechnungen unterstellten wir gleiche Abstände zwischen den Rangplätzen.) Sehr deutlich belegen die Umfrageergebnisse weiterhin, dass die BR als Arbeitnehmervertreter im Soll-Zustand noch wesentlich stärker die BVW-Ziele akzentuiert wissen wollen, die ihrer Meinung nach *unmittelbar* den Interessen der Arbeitnehmer dienen. Dies wird besonders sichtbar, wenn nach BR-Ansicht das BVW vor allem (Ist: Platz 5; Soll: Platz 1) ein *„Instrument der Arbeitserleichterung"* sein soll. Die BVW-Beauftragten dagegen möchten gerade diese Zielvorstellung im Soll-Zustand noch weniger (Ist: Platz 4; Soll: Platz 6) betont wissen. Bei ihnen steht auch für die Zukunft die *„Wirtschaftlichkeitsverbesserung"* als mit deutlichem Abstand wichtigste Zielsetzung für das BVW im Vordergrund. Gerade dieses eindeutig ökonomische Ziel wird jedoch in der Soll-Ziel-Vorstellung der BR auf Platz 3 zurückgedrängt.

Diese empirischen Befunde können als Hinweise auf bereits latente und künftig möglicherweise offen zutage tretende *Konfliktfelder* in der Gestaltung des BVW verstanden werden. Die Neigung der BR wird erkennbar, das BVW mehr als bisher zu einem *Instrument der Humanisierung* auszugestalten, weil es die Möglichkeit in sich birgt, den Arbeitnehmerinteressen verstärkt Geltung zu verschaffen. Gerade wegen der verbesserten Mitbestimmungsposition der BR (siehe das erwähnte BAG-Urteil) dürfte die Auseinandersetzung um das BVW künftig weniger denn je um seine Existenzberechtigung geführt werden, sondern um die Frage, welchen *Zielen* das BVW *primär* dienen soll.

Bemerkenswert ist die relativ geringe Bedeutung, die BR den Aspekten der Personalführung und Personalauslese als Soll-Ziele für die BVW-Gestaltung zumessen. Bezüglich der *Personalführung* ist dies ein deutlicher Unterschied (5 Rangplätze) im Vergleich zu den BVW-Beauftragten, die offensichtlich im BVW stärker ein Instrument der Kommunikation mit dem Mitarbeiter und zu seiner Motivation sehen. Hinsichtlich der Zielsetzung „Personalauslese" gehen

Tab. 3: BVW-Ziele von BR und BVW-Beauftragten im Soll-Ist-Vergleich

BVW-Ziele Ist-Zustand = I Soll-Zustand = S		Arithmetische Durchschnitte der Rangwerte (Rangplatz in Klammern)		Bemerkungen
		BR N = 102	BVW-Beauftragter N = 71	
Wirtschaftlichkeitsverbesserung	I	1.9 (1)	1.6 (1)	hohe Übereinstimmung im I, hohe Diskrepanz im S
	S	4.1 (3)	1.9 (1)	
Erhöhung der Arbeitssicherheit	I	3.5 (2)	3.4 (2)	Im I und S hohe Übereinstimmung, für BR noch wichtiger
	S	2.8 (2)	3.2 (2)	
Produktivitätssteigerung	I	3.6 (3)	3.8 (3)	hohe Übereinstimmung im I, hohe Diskrepanz im S
	S	6.0 (6)	4.5 (4)	
Instrument der Arbeitserleichterung	I	4.8 (5)	4.6 (4)	hohe Übereinstimmung im I, besonders hohe Diskrepanz im S
	S	2.7 (1)	5.0 (6)	
Instrument der Personalführung	I	6.7 (7)	4.8 (5)	zunehmende Diskrepanz im S
	S	6.5 (8)	3.7 (3)	
Schritthalten mit dem technischen Fortschritt	I	4.7 (4)	6.0 (6)	gleichbleibende Abstände, abnehmende Bedeutung im S
	S	5.2 (5)	6.3 (7)	
Möglichkeit zur Persönlichkeitsentfaltung	I	6.9 (8)	6.4 (7)	etwa gleiche Stellenwerte im I und S, für beide im S wichtiger
	S	5.1 (4)	4.8 (5)	
Verbesserung der Konkurrenzsituation	I	5.7 (6)	6.6 (8)	geringfügige Abweichungen, für beide im S unwichtiger
	S	6.4 (7)	7.1 (8)	
Instrument der Personalauslese	I	7.8 (9)	8.0 (9)	für beide das unwichtigste Ziel, im S mit leicht steigender Tendenz
	S	7.7 (9)	7.1 (8)	

wohl beide Zielträgergruppen davon aus, dass dem BVW hier nur eine periphere Bedeutung zukommt. Dies steht im Einklang mit dem Befund aus der Befragung der zwölf überdurchschnittlich erfolgreichen BVW-Anwender (vgl. Post/Thom 1980: 133 ff.), der zufolge in fast drei Vierteln der Fälle die erfolgreiche Teilnahme am BVW keinen oder nur wenig Einfluss auf *Personalentwicklungsentscheidungen* hatte. Gleichwohl sprach sich dort mehr als ein Drittel der befragten BVW-Beauftragten für eine vermehrte Nutzung des BVW als Personalentwicklungsinstrument aus. Hierfür müssen allerdings zunächst geeignete Kriterien entwickelt werden, um nicht die Chancengleichheit zu gefährden. Dass für den Ausbau des BVW in diese Richtung ein gewisser Konsensus vorliegen dürfte, belegen die fast gleich hohen und für den Soll-Zustand aufsteigenden Rangplätze des BVW-Zieles *Möglichkeit zur Persönlichkeitsentfaltung* bei der Befragung von 71 BVW-Beauftragten und 102 BR. Bei betrieblichen Einrichtungen wie Qualitätszirkeln oder der Lernstatt stehen dagegen diese Aspekte der weiteren Qualifizierung des Personals viel stärker im Vordergrund (vgl. Kirchhoff/Gutzan 1982: 11; Kromen 1982: 284 f.; Ische 1982: 296 f.; Domsch/Ladwig 1996: Sp. 1768), was sich auch an den nicht unerheblichen Trainingsaufwendungen in diesen beiden Programmen erkennen lässt.

Eine sich an schweizerische Unternehmen richtende Befragung (vgl. Bumann 1989 und 1991: 122 ff., wobei letztere Quellenangabe sich auf die Ergebnisse einer einzigen Unternehmung beschränkt) ergab folgende in Abbildung 2 festgehaltene Präferenzordnung der IST- und SOLL-Ziele des BVW. Auch eine im Kammerbezirk Dortmund durchgeführte Umfrage hat den Stellenwert bzw. die Ziele der Unternehmungen im Zusammenhang mit dem BVW ermittelt (vgl. Brinkmann 1987). Überall sind gleiche Grundtendenzen erkennbar.

Die **Effizienz eines BVW** (zu verstehen als seine Leistungswirksamkeit und sein Erfolgsniveau) lässt sich anhand solcher allgemeiner Zielvorstellungen noch nicht messen. Für diesen spezifischen Soll-Ist-Vergleich stehen allerdings zahlreiche Effizienzkriterien zur Verfügung, von denen die wichtigsten sind:

- **Beteiligungsquote:** Anteil der eingereichten VV pro 100 Teilnahmeberechtigte (Maß für die Mitwirkungsbereitschaft der Arbeitnehmer, sofern nicht allzu stark eine hohe Beteiligungsquote auf wenige Vielfacheinreicher zurückzuführen ist).

- **Annahmequote:** Prozentsatz der angenommenen von den eingereichten VV (Maß für die inhaltliche Qualität der VV und Indikator für die Innovationsbereitschaft der am Annahmeverfahren beteiligten Stellen).

- **Durchführungsquote:** Prozentsatz der durchgeführten von den angenommenen VV (Maß für den Rationalisierungs- und Innovationsbeitrag des BVW sowie Indikator für bestehende Änderungswiderstände). Der Gesamtnutzen des BVW steigt mit einer hohen Durchführungsquote.

- **Fach- oder objektbezogene Verteilung der VV:** Erfassung der Breitenwirkung des BVW; ein effizientes BVW bringt nicht nur produktionsbezogene VV hervor, sondern bezieht alle betrieblichen Leistungserstellungs-, Leistungsverwertungs-, Sicherheits- und sonstigen Aufgaben eines Betriebes ein; je ausgewogener die Verteilung, um so entwickelter ist ein BVW.

- **Anteil gebrauchsmuster- und patentfähiger VV:** Dieses Maß für den Reifegrad und Innovationsgehalt von VV läßt sich allerdings nur auf VV mit technischem bzw. naturwissenschaftlichem Gehalt anwenden und hängt zudem stark von der Patentpolitik (z. B. offensiv versus defensiv) der jeweiligen Unternehmung ab.

- **Prämienarten und -höhen:** Die Prämiensumme sowie Durchschnitts- und Höchstprämien pro Berichtszeitraum und der Prämienbetrag pro Arbeitnehmer geben Hinweise auf die Ersparniswirkung (den Rationalisierungsbeitrag) und evtl. auch auf das Motivationspotenzial des BVW. Sie hängen allerdings von Gestaltungsgrößen des BVW-Anreizsystems (z. B. Prämiensatz, Sperrfristen), von der Betriebsgröße und der Auflagenhöhe

Abb. 2: Ist- und Soll-Ziele des Vorschlagswesens und deren Präferenzordnung

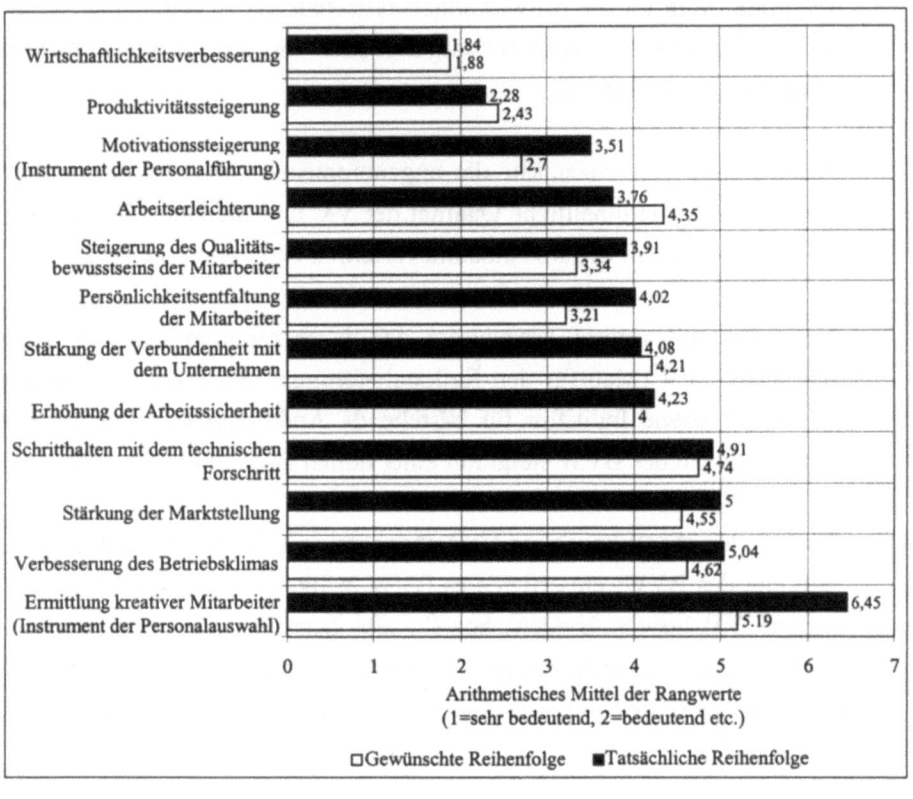

der Produkte ab. Insofern ist die Höchstprämie eines Betriebes kein Maßstab für andere. Der Anteil der Anerkennungsprämien an allen gewährten Prämien zeigt u. a. wie sehr das BVW als Personalführungsinstrument genutzt wird, das allein schon die Bereitschaft zum zusätzlichen Engagement des Mitarbeiters honoriert.

- **BVW-Kosten-Nutzen-Relationen** können u. a. wie folgt gemessen werden: Verhältnis von Einsparungen zu ausgezahlter Prämie oder Einsparungen zu gesamten BVW-Kosten, Relation von Einsparungen und Investitionsaufwand für die Realisierung der VV. Es dürfte jedoch schwierig sein, nicht-monetäre Nutzenkomponenten des BVW (z. B. Erhöhung der Identifikation mit der eigenen Arbeit) abzuschätzen.

- **Mitarbeiterbezogene BVW-Effizienz:** Reduktion von Unfällen durch Unfallverhütungs-VV, die Verringerung von Fluktuations- und Abwesenheitsraten in bestimmten Betriebsbereichen infolge von gezielten Betriebsklima- und Humanisierungs-VV, veranlasste Personalentwicklungsmaßnahmen für Arbeitnehmer mit (konstant) reger und qualifizierter BVW-Beteiligung (z. B. Weiterbildungsmaßnahmen, Bereicherung des Inhaltes der Stellenaufgabe, Teilnahme an qualifizierten Rationalisierungs- und Innovationsprojekten z. B. im Rahmen von Wertgestaltungsteams), Zahl und Struktur der VV-Einreicher z. B. untergliedert nach Berufsgruppen und Hierarchiestufenzugehörigkeit, Ausbildungsstand (Formalqualifikation), Betriebszugehörigkeitsdauer, Geschlecht und Nationalität.

- **BVW-systembezogene Effizienz:** nicht nur die Ergebnisse (der Output) des BVW-Systems, sondern auch die Funktionsweise dieses Systems selbst können Gegenstand einer Effizienzbetrachtung sein (z. B. Anteil der im Berichtszeitraum abschließend behandelten VV von den eingereichten VV, durchschnittliche Bearbeitungsdauer für VV, Zahl der Einsprüche gegen BVW-Entscheidungen).

Bei der Beurteilung der soeben aufgeführten Effizienzkriterien gilt es zu beachten, dass es jeweils schwierig ist, Einflüsse von unmittelbaren Aktionsparametern wie die generelle Gestaltung des BVW, die Gestaltung von Gruppenaktivitäten und deren Integration in das BVW, das Miteinbeziehen betriebsexterner Kreise sowie die Integration des BVW in ein umfassendes Innovationsmanagement zu messen und zu bewerten. Aber auch mittelbare Aktionsparameter (Leitbilder, Unternehmenskultur, Strategien, Organisationsstruktur, Führungsstil etc.) sowie Rahmenbedingungen (Umsystemmerkmale wie die soziale, technologische, wirtschaftliche, ökologische Umwelt; Unternehmungsmerkmale wie Art des Betriebes, Rechtsform, Größe etc.; Betriebsmitgliedermerkmale wie Alter, Geschlecht, Betriebszugehörigkeit, Qualifikation, Werthaltungen, psychologische Merkmale etc.) nehmen einen bedeutenden Einfluss auf die Höhe der BVW-Effizienz. Eine klare Isolierung sowie eine genaue Quantifizierung des durch die einzelnen Aktionsparameter erzielten Erfolges ist nicht möglich. Komplexe Beziehungen (Interdependenzen) erschweren das Beziffern der ohnehin nur schwer messbaren Wirkungszusammenhänge. Trotz dieser methodologischen Einwände kann das Management nicht auf die Kennzahlen des BVW verzichten. Derartige Effizienzberechnungen sind – wenn auch nicht über jeden Zweifel erhaben – als Orientierungsgrößen unentbehrlich. Weiter können sie auch für Zwecke des Benchmarking (hier im Sinne eines Vergleichs mit dem „Klassenbesten" im BVW) nützlich sein (vgl. zum Begriff des Benchmarking z. B. Meyer 1996: 3 ff.).

Diese oben genannten Effizienzkriterien lassen sich für einen Teil des Betriebes (z. B. bei einer einzelnen Abteilung), für den einzelnen Betrieb, den gesamten Konzern (national und international) oder aber für den Vergleich zwischen den verschiedenen Ländern anwenden. Nicht für alle Effizienzkriterien, die hier aufgeführt sind, gibt es branchen- und betriebsgrößenbezogene, nationale und internationale Statistiken. Deutschsprachige Führungskräfte können zur Feststellung des Entwicklungsstandes des BVW ihrer Unternehmung oder Behörde Orientierungshilfen erhalten, und zwar durch die einschlägigen Vorschlagswesen-Statistiken

- des Deutschen Instituts für Betriebswirtschaft (DIB), Frankfurt/Main,
- der Arbeitsgemeinschaft Ideenmanagement im Österreichischen Produktivitäts- und Wirtschaftlichkeits-Zentrum (ÖPWZ), Wien und
- der Schweizerischen Arbeitsgemeinschaft für Verbesserungsprozesse (SAV), Zürich bzw. der IDEE-SUISSE – Schweizerische Gesellschaft für Ideen- und Innovationsmanagement, Zürich (vgl. Tab. 4, 5 und 6).

Weitere Effizienzvergleiche wurden von verschiedenen Einzelforschern und Forschungsgruppen durchgeführt. Beispiele hierfür bieten die Studie von Siegwart (1985) sowie die über die BVW-Ebene hinausgehende Erhebung des Instituts für Technologiemanagement der Hochschule St. Gallen (vgl. Hasler 1990), die den untersuchten Schweizer Betrieben (z. T. aufgrund eines internationalen Vergleichs) in Bezug auf ihre Innovationsfreudigkeit kein gutes Zeugnis ausstellen.

Welche Bedeutung der nationalen Statistik zukommen kann, zeigt das Beispiel *Österreich*. Hier findet seit 1981 die Zahl der eingegangenen Verbesserungsvorschläge (VV) Aufnahme in das offizielle Statistische Handbuch.

Wenn das BVW – wie hier angeregt – als *Instrument der Betriebsführung*, also nicht bloß als unumgängliche, möglicherweise nur vom BR verlangte soziale Einrichtung verstanden werden soll, dann bestehen die wichtigsten Aufgaben der obersten Betriebsleitung darin, die Entwicklung der Erfüllungsgrade von BVW-Effizienzkriterien regelmäßig zu verfolgen, bei unbefriedigenden Werten die Ursachen zu ermitteln (z. B. Aufklärung der Vorschlagshemmnisse) und Maßnahmen zur Effizienzsteigerung (Einsatz der unmittelbaren BVW-Aktionsparameter) zu veranlassen oder selbst zu ergreifen. Auf diese Führungsaufgaben sollen sich die weiteren Ausführungen konzentrieren.

Die gezeigten Statistiken (vgl. Tab. 4, 5 und 6) sind in Bezug auf ihre internationale Vergleichbarkeit mit Vorsicht zu interpretieren. Zum einen muss die Repräsentativität der in den jeweiligen Statistiken erfassten Unternehmen für den nationalen Stand des BVW sehr stark angezweifelt werden (vgl. generell zum „Mythos" Repräsentativität Diekmann 1995: 368 f.). Zum anderen bestehen im internationalen Vergleich große Unterschiede in Bezug auf die prozentuale Erfassung von Arbeitnehmern im Verhältnis zur Gesamtzahl der Beschäftigten, woraus sich auch eine unterschiedliche Qualität der Stichprobe für die einzelnen Länder und damit eine beschränkte internationale Vergleichbarkeit ergibt. Der interessierte Leser vergleiche hierzu auch die Kritik von Waldner (1990). Selbst innerhalb eines Landes bestehen Bedenken bezüglich der Vergleichbarkeit einzelner Kennzahlen (vgl. Vomend 1990). Am sichersten ist für eine Unternehmungsleitung daher der Vergleich in der Zeitfolge der einzelnen Unternehmung bzw. zwischen Teilbereichen oder Gliedbetrieben derselben juristischen bzw. wirtschaftlichen Einheit.

Tab. 4: Vorschlagswesen in der Bundesrepublik Deutschland – Entwicklung 1996–2002 nach Auswertung des DIB

		1996	1997	1998	1999	2000	2001	2002	1998/99 +/- %	1999/01 +/- %	1999/02 +/- %
1.01	Anzahl Firmen und Behörden	338	361	409	441	441	423	373	+7.8	-4.1	-15.42
	Anzahl Beschäftigte	2 947 180	2 762 929	2 659 007	2 906 378	2 654 013	2 725 232	2 509 551	+9.3	-6.2	-13.65
1.11	Teilnahmeberechtigte Mitarbeiter	2 902 255	2 714 879	Keine Angabe	Keine Angabe	Keine Angabe	Keine Angabe	Keine Angabe	–	–	–
2.01	Anzahl der eingereichten Vorschläge	922 444	964 875	1 064 039	1 147 179	1 231 654	1 415 634	1 357 443	+7.8	+23.4	+18.3
2.06	Beteiligungsgrad 2.01 zu 1.11 in %	31.8 %	35.5 %	40.0 %	39.5 %	46.4 %	51.9 %	54.1 %	-1.25	+31.4	+37.0
2.11	VV-Einreicher	347 808	363 879	362 010	459 895	445 256	446 595	408 487	+27	-2.9	-11.2
2.16	Einreicher 2.11 zu 1.11 in %	12.0 %	13.4 %	13.6 %	15.8 %	16.8 %	16.4 %	16.3 %	+16.2	+3.7	+3.1
3.11	VV durchgeführt	504 577	556 733	637 359	705 515	721 158	851 839	784 876	+10.7	+20.7	+11.2
3.41	Summe der Prämien Mio. DM	281.1	287.8	298.5	330.8	338.1	187.9 €	164.1 €	+10.8	+13.6	-0.8
3.61	Prämien-Durchschnitt je präm. VV DM	603	558	518	491	462	218 €	206 €	-5.2	-11.2	-16.1
3.62	Prämien-Durchschn. je Beschäftigten DM	95	104	112	114	126	68 €	64 €	+1.8	+19.3	+12.3
3.51	Gezahlte Höchstprämie DM	309 600	501 900	750 000	562 860	369 360	Keine Angabe	Keine Angabe	-24.9	–	–
3.71	Einsparungen/Jahr Mio. DM	1 314.8	1 550.5	1 652.1	1 762.1	1 859.0	1 034.1 €	966.5 €	+6.7	+17.36	+9.7

Tab. 5: Vorschlagswesen in Österreich – Entwicklung 1999–2002 nach Auswertung des ÖPWZ

STATISTIKVERGLEICH 1999-2002	1999		2000		2001		2002	
	absolut	%	absolut	%	absolut	%	absolut	%
1. Durchschnittliche Beschäftigte	75 703	100	77 174	100	64 741	100	56 762	100
2. Eingereichte VV (% von 1)	58 507	77.3	72 659	94.2	47 793	73.8	75 157	132.4
3. Gruppen VV (% von 2)	16 440	28.1	16 819	23.2	14 000	29.3	15 602	20.8
4. Einreicher (% von 1)	16 277	21.5	17 276	22.4	16 406	25.3	18 271	32.2
5. Bearbeitete VV (% von 2)	56 985	97.4	70 805	97.5	45 386	94.9	73 536	129.6
6. Prämierte VV (% von 5)	43 502	76.3	58 088	82.0	35 947	79.2	58 925	80.1
7. Angenommene VV (% von 5)	41 376	72.6	57 697	81.5	33 366	73.5	63 323	86.1
8. Berechenbare VV (% von 7)	2 597	6.3	5 642	9.8	5 545	16.6	6 110	9.7
9. Prämiensumme in Mio. ATS (% von 11)	74.4	11.3	73.5	11.2	68.2	10		
10. Prämiensumme in (Mio. € (% von 12)	–	–	–	–	5.0	10	5.9	8.3
11. Gesamtnutzen in Mio. ATS	655.8	–	658.8	–	686.1	–	–	–
12. Gesamtnutzen in Mio. €					49.9		71.1	
13. Teilnehmende Unternehmen	41		44		39		35	

Tab. 6a: Vorschlags-Statistik 1997–1999 – Schweiz und Fürstentum Liechtenstein nach Auswertung der SAV

Nr.	Auswahlkriterien	1997		1998		1999	
		absolut	%	absolut	%	absolut	%
0	Fragebogenversand	1 965	100	2 012	100	1 958	100
	0.1 Rücklauf	146	7.4	202	10	134	6.8
	0.1 Zur Auswertung verwendet	114	5.8	126	6.3	100	5.1
1.	Beschäftigte Ende Jahr	264 917	100	300 655	100	231 196	100
2.	Vom VW ausgeschlossene Beschäftigte	1 752	0.7	2 332	0.8	4 295	1.9
3.	Eingereichte Vorschläge	19 366	7.3	25 040	8.3	26 144	11.3
4.	Anzahl Einreicher total	5 744	2.2	6 214	2.1	5 549	2.4
5.	Abgeschlossene Mitarbeiter-Beiträge	17 315	89.4	22 859	91.3	24 717	94.5
	5.1 Anzahl belohnter Mitarbeiter-Beiträge	14 486	83.7	19 360	84.7	22 187	89.8
	5.2 Anzahl realisierter Mitarbeiter-Beiträge	13 254	76.5	19 196	84	22 086	89.4
	5.2.1 Berechenbare Einsparungen	4 624	34.9	2 228	11.6	5 596	25.3
	5.2.2 Nicht berechenbare Mitarbeiter-Beiträge	9 209	69.5	16 801	87.5	16 203	73.4
6.	Ausbezahlte Prämien (CHF)	1 555 985	9.7	1 719 822	11.7	1 696 920	11.9
	6.1 Höchste Einzelprämie (CHF)	21 000		100 000		30 000	
7.	Geschätzte Bruttoeinsparung (CHF)	16 051 032		14 648 015		14 226 091	
8.	Anzahl Einreicher pro 1000 Beschäftigte	21.7		20.7		24	
9.	Anzahl eingereichte Vorschläge pro 1000 Beschäftigte	73.1		83.3		113.1	

Tab. 6b: Vorschlags-Statistik 2000–2002 – Schweiz und Fürstentum Liechtenstein nach Auswertung der SAV

Nr.	Auswahlkriterien	2000 absolut	2000 %	2001 absolut	2001 %	2002 absolut	2002 %
0	Fragebogenversand	1 949		1 864		1 832	
	0.1 Rücklauf	151	7.7	98	5.3	104	5.7
	0.1 Zur Auswertung verwendet	106	5.4	72	3.9	74	4.0
1.	Beschäftigte Ende Jahr	162 754	100.0	133 504	100.0	146 910	100.0
2.	Vom VW ausgeschlossene Beschäftigte	2 708	1.7	1 208	0.9	1 993	1.4
3.	Eingereichte Vorschläge	28 138	17.3	29 075	21.8	27 601	18.8
4.	Anzahl Einreicher total	6 976	4.3	3 783	2.8	2 456	1.7
5.	Abgeschlossene Mitarbeiter-Beiträge	25 289	89.9	23 469	80.7	22 127	80.2
	5.1 Anzahl belohnter Mitarbeiter-Beiträge	20 722	81.9				
	5.2 Anzahl realisierter Mitarbeiter-Beiträge	22 594	89.3				
	5.2.1 Berechenbare Einsparungen	6 233	27.6				
	5.2.2 Nicht berechenbare Mitarbeiter-Beiträge	16 310	72.2				
6.	Ausbezahlte Prämien (CHF)	2 028 881	15.3	4 002 028	38.8	2 748 990	14.0
	6.1 Höchste Einzelprämie (CHF)	70 400		37 355		14 000	
7.	Geschätzte Bruttoeinsparung (CHF)	13 234 130		10 319 991		19 632 691	
8.	Anzahl Einreicher pro 1000 Beschäftigte	42.9		28.3		16.7	
9.	Anzahl eingereichte Vorschläge pro 1000	172.9		217.8		187.9	

3. Barrieren, die von der Einreichung möglicher Verbesserungsvorschläge abhalten

Wie gut die vorgenannten BVW-Effizienzkriterien erfüllt werden, hängt maßgeblich davon ab, wie wirkungsvoll die wichtigsten Vorschlagshemmnisse beseitigt oder zumindest abgebaut werden können. Kurz gesagt, handelt es sich bei den potenziellen BVW-Barrieren um Hemmnisse aufgrund von Unfähigkeit (Nicht-Können), Trägheit (Nicht-Wollen) und Angst (Nicht-Wagen) (vgl. Ganz 1962; Losse/Thom 1977; Bumann 1991: 163; Urban 1994: 39). Eine weitere Barriere, auf die Urban (1994: 39) eingeht, ist die generelle Unkenntnis über das Instrument BVW (Nicht-Wissen). In der nachstehenden Übersicht (Abb. 3) werden die Fähigkeits-, Willens- und Risikobarrieren anhand ihrer Merkmale und Indikatoren eingehender erläutert (Ausgangspunkt in Thom 1980: 365).

Empirische Belege zu diesen Barrieren können bislang größtenteils nur aus Einzelfallstudien (möglichst repräsentativen Belegschaftsbefragungen) herangezogen werden, wie sie Ganz (1962), der Verfasser zusammen mit Klaus Heinz Losse (1977), Bumann (1991: 168), Pfister (1993: 82 ff.), Vonlanthen (1994: 435) und Etienne (1995) vorgelegt haben.

So stellten sowohl Ganz als auch Losse/Thom fest, dass etwa zwei Drittel der Befragten dem alltäglichen *Betriebsgeschehen kritisch* gegenüberstanden und dies an einigen Beispielen im Gespräch mit Kollegen schon konkretisiert hatten. Von den befragten *Vorgesetzten* glaubte nur etwas mehr als ein Drittel, dass die Hälfte ihrer *Mitarbeiter brauchbare VV machen könnte*, wenn diese nur wollten. Fast ein Fünftel der Vorgesetzten traute dies sogar drei Vierteln der Mitarbeiter zu und mehr als ein Viertel der Vorgesetzten nahm an, dass alle ihre Mitarbeiter in der Lage seien, VV-Einreicher zu werden. Die Ansichten der Vorgesetzten (soweit sie antworteten) über den Prozentsatz vorschlagsfähiger Mitarbeiter in ihren Abteilungen schwankten also zwischen 50 und 100 %. Verglichen mit dem Befund von Ganz (1962: 62 f.: Schwankungen zwischen 5 bis 100 %!) lässt dies auf eine vergleichsweise positive Einschätzung der Vorschlagsfähigkeit schließen. Selbst in den 42 Mittelbetrieben, die noch über

Abb. 3: Fähigkeits-, Willens- und Risikobarrieren gegen die Beteiligung am Vorschlagswesen

Einflussgröße auf die Wirksamkeit von Maßnahmen der BVW-Gestaltung	Merkmale (Merkmalsträger: alle Unternehmungsmitglieder)	Indikatoren (Auswahl)
Fähigkeitsbarrieren	1) Denkschwierigkeiten (Kreativitätsmangel) a) Kritiklosigkeit b) Einfallslosigkeit 2) Artikulationsschwierigkeiten	1a) Keine kritische Einstellung zum Betriebsgeschehen („Betriebsblindheit") 1b) Kritikfähigkeit ohne konstruktive VV 2) Präferenz für mündliche oder schriftliche VV-Abgabe
Willensbarrieren	1) Gleichgültigkeit gegenüber dem Betriebsgeschehen 2) Ressentiments gegenüber dem Betrieb 3) Änderungswiderstand	1) Mangelnde Bereitschaft zu kreativer Mitarbeit, geringe Identifikation mit der Berufstätigkeit 2) Grundsätzlicher ideologischer Interessengegensatz zum Arbeitgeber (Ausbeutungsfurcht), Misstrauen gegen das Innovationsmanagement aufgrund konkreter schlechter Erfahrungen (Ideendiebstahl etc.) 3) Mangelnde Bereitschaft, VV unvoreingenommen zu prüfen und an ihrer schnellen Realisierung mitzuwirken
Risikobarrieren	1) Furcht vor materiellen Nachteilen aus VV 2) Furcht vor ideellen Nachteilen aus VV	1) Furcht vor: Einkommensverlust, Kurzarbeit, Arbeitsplatzverlust 2) Furcht vor Kollegen: Konformitätsdruckerwartung, Einschätzung vorschlagsfreudiger Kollegen, Furcht vor bzw. der Vorgesetzten, Verhalten der Vorgesetzten: erwartete Vorgesetztenreaktionen, von Vorgesetzten gewünschter Einreichungsweg für VV (Dienstweg), Blamagefurcht nach ‚oben' und ‚unten', Einschätzung eines Vorgesetzten mit vielen kreativen Mitarbeitern durch seine Untergebenen

kein BVW verfügten, unterstellten vier Fünftel der befragten Geschäftsführer, dass die Belegschaft grundsätzlich ein ausreichendes Ideenpotenzial habe und drei Fünftel gaben auch an, dass im letzten Jahr von ihren Mitarbeitern in irgendeiner Form VV unterbreitet worden waren, obwohl kein formalisiertes BVW existierte (vgl. Lüders 1981: 58 ff.).

Einen Hinweis auf **Fähigkeitsbarrieren** gab das Interviewergebnis von Losse/Thom (1977: 66), demzufolge fast ein Drittel der Belegschaft einen VV „lieber nur mündlich" abgeben wollte. Von den gewerblichen Mitarbeitern präferierten mehr als zwei Fünftel diese Einreichungsform. Bemerkenswert ist dabei, dass in diesem Mittelbetrieb nur 5 % der Arbeitnehmer keine abgeschlossene Berufsausbildung vorweisen konnten. Weniger überraschend war es dagegen, wenn Ganz (1962: 68) festzustellen hatte, dass 46 % der Ungelernten und 57 % der „berufsfremd Gelernten" die mündliche Abgabe eines VV vorzogen.

55. 2 % (vgl. Losse/Thom 1977: 70) bzw. 45.5 % (vgl. Ganz 1962: 74) der Befragten gaben an, mit Kollegen wenigstens schon einmal über Verbesserungen gesprochen zu haben. Auf die Frage: „Sie haben vielleicht schon davon gehört, dass in diesem Werk ziemlich wenig VV eingereicht werden. Wie würden Sie das erklären?" antworteten in unserer Studie (bei Möglichkeit zu freier Antwort) zwei Fünftel mit „Gleichgültigkeit" (bei Mitarbeitern ohne Vorgesetztenfunktion war es sogar über die Hälfte), wenn sie allgemein über den Betrieb urteilten. Das entsprechende Befragungsergebnis von Ganz (1962: 78) lag bei 20 %. In beiden Untersuchungen nannte jedoch nur ein Zwanzigstel der Befragten diese Barrieren für eine eigene Nichtbeteiligung. Negativ besetzte Eigenschaften wurden auch hier vorzugsweise dem Kollegen und nicht der eigenen Person zugeordnet.

Die Wirkung von **Risikobarrieren** wird deutlich, wenn in beiden BVW-Studien nur etwa die Hälfte „unbedingt" auch VV machen würde, mit denen bei ihrer eigenen Arbeit viel Zeit eingespart werden könnte. Von denjenigen Arbeitern, die nur „bedingt" einen VV einreichen möchten oder ihn lieber selbst (d. h. nicht über das offizielle BVW) einführen würden, waren drei Fünftel im

Gruppen- und drei Zehntel im Einzelakkord tätig (vgl. Losse/Thom 1977: 74), was die Annahme von Bessoth (1975: 104 f.) stützt, dass im *Akkordsystem* ein wichtiger Grund für die Nichtteilnahme am BVW liege. Auch die Furcht vor Kollegen stellt eine bedeutende Barriere dar. Fast drei Fünftel (vgl. Losse/Thom 1977: 77) bzw. 55 % (vgl. Ganz 1962: 100) der unter Anonymität Befragten befürchteten negative *Kollegenreaktionen*. Dagegen erwartete nur etwa ein Fünftel der Auskunftgebenden in beiden Studien nicht unbedingt eine positive *Reaktion ihrer Vorgesetzten*, wenn sie VV einreichten. Aufschlussreich erscheint in diesem Zusammenhang, dass auch etwa ein Fünftel (21.9 %) der Mittelbetriebe *ohne* BVW (vgl. Lüders 1981: 62) die Frage bejahte: „Viele Führungskräfte sehen im BVW einen Eingriff in ihren Kompetenzbereich; dies kann zu Spannungen führen. Glauben Sie, dass dies zutrifft?"

Eine weitere Risikobarriere kann in der Furcht vor *Bloßstellung „nach oben"* liegen. In den von Ganz und Losse/Thom befragten Belegschaften empfand jeweils etwa die Hälfte der befragten Vorgesetzten Furcht vor einer Bloßstellung gegenüber höheren Vorgesetzten, weil man nicht selbst die Idee fand. Quiske/Skirl/Spiess (1973: 33) charakterisieren das Selbstverständnis von Vorgesetzten in den traditionellen Hierarchien wie folgt: „Der Vorgesetzte glaubt, aus Statusangst immer die guten und richtigen Ideen haben zu müssen." Dies schlägt sich auch in der Furcht vor *Bloßstellung „nach unten"* nieder. Vier Fünftel der Vorgesetzten im Angestelltenbereich befürchten ein mehr oder weniger starkes Sinken ihres Prestiges, wenn die Belegschaft erfahren würde, dass von den Mitarbeitern dieser Vorgesetzten sehr viele VV gemacht werden. Im Produktionsbereich ging immerhin fast die Hälfte der Vorgesetzten davon aus, dass in einem solchen Falle ihr Ansehen „nur steigen" könne (vgl. Losse/Thom 1977: 84). Auch in der von Pfister (1993: 82 ff.) untersuchten schweizerischen Großunternehmung wird die Risikobarriere als wesentliche Begründung für das Nichteinreichen von VV genannt.

Diese auszugsweise Darstellung einzelner Befragungsergebnisse mag in diesem Buch genügen, um auf die Existenz der genannten Vorschlagshemmnisse bzw. auf die fehlende Akzeptanz (vgl. Freimuth 1987) hinzuweisen. Sie machen deutlich, welche kulturellen und klimatischen Voraussetzungen (Führungs- und Kooperationsstil etc.) für ein leistungsstarkes BVW geschaffen werden müssen. Auf weitere Gestaltungsgrößen (Aktionsparameter) des Managements wird im Folgenden eingegangen. Angesprochen werden sollen dabei die Einordnung des BVW in die Unternehmungskultur, das gesamtbetriebliche Ziel- und Strategiesystem, die BVW-Werbung, das Anreizsystem für BVW-Teilnehmer und die Organisation des BVW.

4. Das Betriebliche Vorschlagswesen als Gestaltungsbereich der Betriebsführung

Die erwähnten Effizienzkriterien können nur dann befriedigend erfüllt und die genannten Barrieren nur dann überwunden werden, wenn das BVW als ernst zu nehmender Gestaltungsbereich der Betriebsführung verstanden und entsprechend behandelt wird. Die Aktivitäten zur Verbesserung des BVW sollten sich zunächst auf eine Steigerung der Beteiligungsquote richten, denn vor allem eine große Ausgangsmasse von VV (möglichst von vielen unterschiedlichen Mitarbeitern eingereicht) lässt – statistisch gesehen – einen hinreichenden Nettoertrag (nach vollzogener Prüfungsprozedur) aus diesen Mitarbeiterbeiträgen erwarten (vgl. hierzu auch die statistische Analyse von Göhs 1987). Selbstverständlich wird man auf Dauer betrachtet auch auf die Steigerung der Annahmequote (ohne Niveauverlust!) hinarbeiten müssen, wenn der VV-Bearbeitungsaufwand nicht eine ungünstige Entwicklung nehmen soll.

4.1 Die Unternehmungskultur

In den letzten Jahren ist die Bedeutung der Unternehmungskultur für den Erfolg der BVW-Aktivitäten immer stärker erkannt geworden. Unter dem Begriff „Unternehmungskultur", der erst in den letzten zwei Jahrzehnten Eingang in die Managementliteratur fand, kann man die Gesamtheit von Normen, Wertvorstellungen und Denkhaltungen verstehen, die das Verhalten der Unternehmungsmitglieder aller Hierarchiestufen und somit das Erscheinungsbild einer Unternehmung prägen (vgl. Pümpin/Kobi/Wüthrich 1985; Drennan 1993). Unternehmungskultur manifestiert sich letztlich in der Art und Weise, wie eine Unternehmung Probleme erkennt, bearbeitet und löst. Wichtige Bestimmungsgrößen der Unternehmungskultur können beispielsweise liegen in:

- den Persönlichkeitsprofilen der Unternehmer und Führungskräfte, insbesondere ihren Werten und Mentalitäten (z. B. Innovationsbereitschaft, Risikoeinstellung, Durchsetzungs- und Durchhaltevermögen);

- der Art der Kommunikation nach innen und außen (z. B. spontane und unkonventionelle Kommunikation über verschiedene Hierarchiestufen hinweg, partnerschaftliche Kommunikation mit Kunden und Lieferanten, gezielte Herausstellung innovativer Leistungen in der Öffentlichkeitsarbeit);

- den strategischen Leitideen für das unternehmerische Handeln (z. B. angestrebte Erfolgspositionen im Markt, Aufteilung vorhandener Ressourcen auf einzelne innovatorische Aktivitätsfelder, Einschätzung der eigenen Stärken und Schwächen im Vergleich zur Konkurrenz);

- der Entscheidungszentralisationsgrad in der Unternehmungshierarchie (z. B. Delegationsbereitschaft der Hierarchiespitze, Eröffnung unternehmerischer Handlungsspielräume für nach geordnete Führungskräfte).

Mit der kurzen Erwähnung ausgewählter Bestimmungsfaktoren der Unternehmungskultur wird erkennbar, dass es sich hierbei um eine ganzheitliche Denkkategorie handelt. Jede Unternehmung hat eine Unternehmungskultur. Es kommt darauf an, dass in diesem gelebten Wertsystem, welches den Einsatz vieler anderer Instrumente steuert, Platz bleibt für die Bereitschaft zur Innovation, zur Inkaufnahme eines (begrenzten) Risikos, zur Offenheit in der Kommunikation, zum Vertrauen (vgl. Bleicher 1985: 2 ff. und 1995: 390 ff.) in die Leistungsfähigkeit des Einzelnen oder von Mitarbeitergruppen verschiedener Größenordnungen. So darf denn die Art und Weise, wie das BVW gehandhabt wird, selbst als Ausdruck der Unternehmungskultur verstanden werden (vgl. Merz 1988: 135 ff.). Ohne eine Unternehmungskultur, in welcher der Veränderungsbereitschaft und dem Streben nach innovatorischen Leistungen eine hohe Position in der gültigen Wertordnung zukommt, kann das Wirkungspotenzial aller weiteren Instrumente nicht zur vollen Entfaltung gelangen. Es ist immer wieder eindrucksvoll festzustellen, wie rasch in Krisensituationen durch den Austausch von Schlüsselpersonal im Management und einem Wandel im Bewusstsein der Belegschaft eine tief greifende Veränderung der Unternehmungskultur erfolgen kann (vgl. Müller 1986; Hertig 1996). Daher hält es der Verfasser keineswegs für ausgeschlossen, dass ausgelöst von Veränderungen in den wirtschaftlichen, technologischen, ökologischen und gesellschaftlichen Rahmenbedingungen (auch in Betrieben, deren Innovationspolitik sich bis anhin eher als zurückhaltend oder gar als rückständig einstufen ließ) die Unternehmungskultur auf eine stärkere Innovationsorientierung ausgerichtet werden kann. In Mittelbetrieben kommt es entscheidend auf das Persönlichkeitsprofil des Unternehmers bzw. der geschäftsführenden Gesellschafter an. Das von ihnen verkörperte Wertsystem hat durch die hohe Kontaktdichte mit der Mitarbeiterschaft multiplikative Wirkung (vgl. Nier/Schusser 1990: 274; Schmid 1987: 23; Handelsblatt 1990: 31). So können (bzw. wollen) beispielsweise weder „unsichere" noch „arrogante" Vorgesetzte ihre Mitarbeiter zur aktiven Teilnahme am BVW motivieren, da sie sonst selbst für die Verletzung ihres Selbstwertgefühls verantwortlich wären (vgl. Bisani 1989: 161 f.). Alle vordergründigen Aufforderungen, die Chance des BVW zu nutzen, werden in solchen Fällen auf taube Ohren stoßen. Es erscheint somit angebracht, auf derartige Zusammenhänge allgemein hinzuweisen und die Bedeutung des immateriellen Faktors „Unternehmungskultur" für den Unternehmungserfolg hervorzuheben (vgl. Peters/Waterman 1984; Goldsmith/Clutterbuck 1985; Bickel 1994). Bei der Einschätzung des Innovationspotenzials einer Unternehmung sollte diese „weiche", aber sehr wichtige Größe unbedingt berücksichtigt werden. Prüflisten zur Identifizierung der Unternehmungskultur finden sich z. B. in der erwähnten Publikation von Pümpin und Mitarbeitern (1985).

Unternehmungskulturen werden auch von Nationalkulturen beeinflusst. Den Zusammenhang zu diesen beiden Größen erkennt man leicht, wenn die Unternehmungskulturen japanischer Unternehmen zu untersuchen sind (vgl. Morlin 1983; Yamada 1987; Nowak 1988; Imai 1993). Letztere haben bis anhin außerordentlich günstige Rahmenbedingungen für Organisationskonzepte wie Gruppenvorschlagswesen und Qualitätszirkel geschaffen. Derartige kulturelle Rahmenbedingungen sind nur sehr beschränkt mit den europäischen vergleichbar.

4.2 Einordnung in das betriebliche Ziel- und Strategiesystem

Durch klare (möglichst schriftliche und mündliche) Aussagen des Managements sollte jedem Mitarbeiter bewusst gemacht werden, dass das BVW offiziell als ein Instrument zur Erreichung von *Wirtschaftlichkeits-, Humanisierungs-, Innovations- und Personalentwicklungszielen* angesehen und anerkannt wird. Dies kann beispielsweise auch im Rahmen der Führungs- und Unternehmungsgrundsätze erfolgen (vgl. Gabele 1982; Wunderer 1983; Merz 1988). Im Rahmen einer Führung durch Zielvereinbarung (Management-by-Objectives) könnten entsprechende Ziele angesprochen und die Bezüge zum BVW verdeutlicht werden. Freilich bleibt der Charakter eines VV nur erhalten, wenn er nicht die Erfüllung eines verbindlich vereinbarten Zieles, sondern eine freiwillige Sonderleistung darstellt. Dafür ist es unschädlich, wenn generelle Bereiche für Verbesserungsmöglichkeiten (anders ausgedrückt: Schwachstellenbereiche) im Mitarbeitergespräch angeführt und präzisiert werden. Entscheidend ist in diesem Zusammenhang, dass die Unternehmungsziele den einzelnen Mitarbeitern hinreichend bekannt, verständlich und mit ihren persönlichen Wertvorstellungen kompatibel sind. Nur dann kann ein entsprechendes Engagement über das Zielerreichungsinstrument BVW erwartet werden.

Auch das innerbetrieblich adressatgerecht publizierte *Strategiesystem* (vgl. eingehender Thom 1980: 174 ff.; Macharzina 1993: 204 ff.; Vonlanthen 1995: 441 ff.) soll die potenziellen BVW-Teilnehmer wissen lassen, dass sich ihr BVW-Engagement hierin bestens einfügt. Je aktiver (statt reaktiver) die Unternehmungsstrategie ist (z. B. bei offensiver Ausprägung „Steigerung eines bestimmten Marktanteils"), umso eindeutiger dürfte das Signal für willkommenes BVW-Engagement sein. Aber warum sollte es nicht auch gelingen, im Rahmen von Sparmaßnahmen und Schrumpfungsprozessen (generell: in strategischen Krisen) die Belegschaft zur konstruktiven Mitarbeit über das BVW zu gewinnen? „Selbst-" und „Kollegenamputation" sind allerdings auszuschließen!

4.3 Werbung für das Betriebliche Vorschlagswesen

Die gezielte Werbung für das BVW sollte zum festen Bestandteil betrieblicher Informationspolitik werden. Hierdurch sind zum einen alle Betriebsangehörigen über die Funktionsweise des BVW zu informieren (Aufklärung, Transparenz), und zum anderen geht es darum, die Teilnahmeberechtigten zur BVW-Teilnahme aufzufordern (Motivierung). Der Beteiligungsappell darf allerdings nicht so zwingend formuliert werden, dass sich Nichtteilnehmer am BVW diskriminiert fühlen müssten. (Dies ist nur einer der vielen Unterschiede zum ehemaligen Neuererwesen der Ex-DDR [vgl. Hemmerling 1979], denn dort hieß es im Vorspann zur Neuererverordnung vom 22. 12. 1971: „Die Mitarbeit in der Neuererbewegung ist für jeden Werktätigen eine Sache der Ehre und hoher sozialistischer Arbeitsmoral." [Vgl. auch Elle/Thom 1989: 103–117])

In der erwähnten BVW-Befragung des Verfassers zusammen mit H. Post (kurz als „Spitzengruppen-Befragung" bezeichnet) gaben die BVW-Beauftragten an, dass in ihren Unternehmungen die in Tabelle 7 genannten *Werbemittel* eingesetzt werden (Mehrfachnennung möglich).

Als weitere Werbemittel können verwendet werden: Tonbildschauen, mündliche Verbreitung der BVW-Idee und -Vorteile in Aus- und Weiterbildungsveranstaltungen, in Betriebsversammlungen, in Zusammenkünften, Konferenzen sowie in Mitarbeitergesprächen (vgl. Spahl 1977; Bumann 1991: 229 ff.). Der Phantasie sind im Zeitalter der Telekommunikation fast keine Grenzen gesetzt (z. B. Video, Internet, Intranet).

Auch überbetrieblich wirkende Informationsträger empfiehlt es sich so weit wie möglich zu nutzen. Hierzu gehören Informationen über die „BVW-Leistungsbilanz" im Geschäftsbericht, entsprechende Hinweise an Zeitungen und Zeitschriften (inkl. Fachzeitschriften, z. B. BVW-Ideenmanagement, die Fachzeitschrift von DIB/ÖPWZ und SAV) sowie Rundfunkhäuser, Fernsehanstalten und Agenturen etc.

Tab. 7: Genutzte Werbemittel für das Vorschlagswesen in der „Spitzengruppen-Befragung"

Eingesetzte Werbemittel	Relative Häufigkeit der Anwendung
Hinweise in der Werkszeitung	100.0 %
Anschlag am schwarzen Brett	90.9 %
Werbeplakate	81.8 %
Wettbewerbe und Preisausschreiben	63.6 %
Broschüren und Faltblätter	54.5 %
Persönliche Briefe	54.5 %
Beilagen in der Lohn- und Gehaltsabrechnung	54.5 %
BVW-Informationen für ausländische Mitarbeiter in ihrer Muttersprache	45.5 %
Vorschlagsfibeln	45.5 %
Ausstellungen von durchgeführten VV	18.2 %

Aus Erfahrung wissen wir, dass ein BVW mit positiver Leistungsbilanz die beste Werbung sein dürfte. Jeder erfolgreiche oder zumindest fair behandelte BVW-Teilnehmer wird auf seine Weise (individuell und authentisch) für die Institution BVW werben.

Unter einem BVW wird in dieser Publikation eine *Dauerinstitution* verstanden, die sich damit von gelegentlich veranstalteten Ideenwettbewerben abgrenzt. (Gleichwohl können derartige Wettbewerbe und Preisausschreiben – wie in Tabelle 7 gezeigt – als wirkungsvolle Impulsgeber in ein permanentes BVW eingefügt werden.) Auch Belegschaftsumfragen über das BVW haben neben ihren primären Zwecken einen gewissen Werbeeffekt, weil mit ihnen die Mitarbeiter wieder auf die Institution „BVW" aufmerksam gemacht werden und zudem das erhöhte Interesse der Unternehmungsleitung an einer Weiterentwicklung des BVW demonstriert wird (vgl. Staar 1987).

Wenn das BVW als dauerhafte Aufgabe organisiert worden ist, muss dies auch Konsequenzen für die *Häufigkeit der Werbung* haben. Unsere Erhebung bei den zwölf Spitzenunternehmungen im BVW-Bereich (durchschnittliche Beteiligungsquote: 20.2 %) ergab, dass Unternehmungen, die mindestens einmal pro Monat für ihr BVW warben, eine deutlich bessere Beteiligungsquote aufwiesen als nur mindestens einmal pro Jahr Werbende (26.5 % versus 11.3 %). Wenn sich auch auf die Höhe der Beteiligungsquote jeweils mehrere Faktoren (zumindest alle hier behandelten Aktionsparameter) zugleich auswirken, so erscheint dieser Unterschied dennoch bemerkenswert.

Die *inhaltliche Analyse* des Werbematerials, das sich in diesen zwölf Großunternehmungen an insgesamt 509'280 Prämienberechtigte richtete, zeigte uns, wie sehr die Texte auf die materielle Anreizwirkung des BVW abstellten: In allen Unternehmungen wurde eindeutig auf die erreichbaren Prämien hingewiesen, die im übrigen bereits beachtliche Höhen erreicht hatten (z. B. DM 178'000.–; vgl. Post/Thom 1980: 128 f. In der BVW-Statistik 1994 gibt das DIB DM 597'200.– als höchste Einzelprämie an). In etwas weniger als der Hälfte aller Fälle wurde im Werbematerial auf die mit dem BVW verbundenen Chancen zur besseren Persönlichkeitsentfaltung am Arbeitsplatz hingewiesen (z. B. durch Erweiterung des Aufgabeninhaltes). In keinem Werbetext wollten die Autoren dagegen für stetige Einreicher von qualifizierten VV verbesserte Aufstiegschancen (bei sonst gleicher Qualifikation wie die Mitbewerber) in Aussicht stellen. Generell kann gesagt werden, dass das Werbematerial noch stärker zielgruppenspezifisch ausgestaltet werden sollte.

Diese Werbeargumente bilden nur unvollständig das vorne genannte Zielspektrum für das BVW ab. Monetäre Anreize – und damit letztlich die Ziele Wirtschaftlichkeits- und Produktivitätssteigerung – stehen zu einseitig im Vordergrund. Die Prämie eines einzelnen erfolgreichen VV-Einreichers kann bei vielen Nichtteilnehmern eher Neidgefühle als Motivationsreserven zur

Beteiligung auslösen, zumal dieser noch andere als ausschließlich Willensbarrieren (vgl. Abb. 3) entgegenstehen können.

Unbeschadet dieser inhaltlichen Kritik war die Mehrheit der von uns in dieser Untersuchung befragten Unternehmungen davon überzeugt, dass ihre intensive Werbung für das BVW zu seiner Effizienzverbesserung beigetragen habe. Fast drei Fünftel verzeichneten als Folge mehr und bessere VV, bei einem Drittel gingen mehr VV ein und weniger als ein Zehntel registrierte zwar mehr VV Eingänge, die aber insgesamt gesehen eine schlechtere Qualität aufwiesen (vgl. Post/Thom 1980: 131).

4.4 Das Anreizsystem für Teilnehmer am Betrieblichen Vorschlagswesen

Mit den heute verfügbaren Motivationstheorien (vgl. den Überblick bei Weinert 1992: Sp. 1429 ff.) können verallgemeinernde Aussagen über den Anreiz-Leistungs-Zusammenhang nur gemacht werden, wenn dabei von (häufig allzu) vereinfachenden Annahmen ausgegangen wird.

Es soll deshalb hier nicht der Versuch gemacht werden, von einer bestimmten Motivationstheorie her die *Gestaltung eines optimalen BVW-Anreizsystems* zu begründen. Für praktische Zwecke dürfte es ausreichen, durch Mitarbeitergespräche (vgl. Grochla/Thom/Strombach 1983; Zandel/Knebel 1993) und Belegschaftsbefragungen (vgl. Holm 1982; Siemers 1993) vorrangige Bedürfnisse festzustellen und gegebenenfalls ihre Bedeutung und ihr Zusammenwirken anhand einiger theoretischer Erklärungsansätze zu reflektieren (vgl. von Rosenstiel 1980: 270 ff.; von Rosenstiel/Molt/Rüttinger 1995: 208 ff.).

Neben der Kenntnis der Bedürfnisse und Motive von potenziellen BVW-Teilnehmern benötigt man für die Gestaltung eines BVW-Anreizsystems ein Bewertungsverfahren (vgl. Dönni/Bürgi 1973; Hack 1977; Schweizerische Arbeitsgemeinschaft Vorschlagswesen (SAV) 1986; Merz 1988), mit dem der Nutzen eines VV für die Unternehmung so präzise wie möglich zu ermitteln ist, um den

Einreicher daran partizipieren zu lassen bzw. äquivalente Formen der Belohnung auswählen zu können. Besondere Probleme bereiten bei der Konstruktion eines derartigen Bewertungsverfahrens die VV mit nicht (unmittelbar) in monetären Größen quantifizierbarem Nutzen, die aller Erfahrung nach die Mehrheit der VV ausmachen und nicht selten den hoch prämierten VV (z. B. bei Massen- und Großserienfertigung) bezüglich der zugrunde liegenden kreativen und intellektuellen Leistung ihrer Einreicher überlegen sind.

In diesem Buch kann auf die vielfältigen Probleme eines ausgewogenen BVW-Anreizsystems nur in grundsätzlicher Form eingegangen werden. Einzelfragen finden eine vielfältige Darstellung in der BVW-Spezialliteratur (vgl. Höckel 1964: 163 ff.; Höckel 1972: 72 ff.; Gluth 1973: 212 f.; Spahl 1975: 56 ff.; DIB 1978: 46 ff.; Brinkmann/Heidack 1982: 173 ff.; SAV 1986; Merz 1988; Brinkmann 1992: 111 ff.).

4.4.1 Das materielle Anreizsystem

4.4.1.1 Verbesserungsvorschläge mit quantifizierbarem Nutzen

Bei quantifizierbarem Nutzen der VV haben die Gestalter des BVW-Anreizsystems über folgende Größen zu entscheiden:

(a) Festlegung des *Prämiensatzes*, d. h. der prozentualen Beteiligung des Einreichers an der errechenbaren Jahresersparnis (abzüglich der VV-Durchführungskosten). Aus einer umfassenden Sondererhebung des DIB (124 Unternehmungen beantworteten den Fragebogen) wissen wir, dass zwei Drittel dieser Unternehmungen bis zu 20 % der ersten Jahresersparnis als Prämie vergüteten. Insgesamt 93.6 % der Antworter zahlten nicht mehr als 30 % von derselben Bezugsgröße (Nowak 1979: 21). In dieser Stichprobe erreichten nur zwei Unternehmungen bereits das, was die Deutsche Angestellten-Gewerkschaft (DAG 1976: 9) für die anstrebenswerte Obergrenze hält, nämlich die Teilung des Nutzens (je 50 %) zwischen Arbeitnehmer und Arbeitgeber. Die Industrie-Gewerkschaft

Metall fordert bei einmaliger Prämierung mindestens 40 % des Jahresnutzens (IG-Metall 1975: 2). Aus neueren Untersuchungen geht hervor, dass Ende der 80er Jahre 30 % der ersten Jahresersparnis für viele deutsche Unternehmen zur realen Orientierungsgröße geworden sind (vgl. Vomend 1990 (b): 99). Erfolgt die Prämierung zunächst nur für das erste VV-Nutzenjahr – so die Forderung wohl aller Arbeitnehmervertretungen – muss eine Nachprämierung auf der Basis von nach der VV-Realisierung tatsächlich erzielten Ersparnissen möglich sein. In der Schweiz liegt der Prämiensatz im Allgemeinen niedriger als in Deutschland und überschreitet nur selten 20 % der ersten Jahresersparnis (vgl. u. a. das Beispiel bei Etienne 1995: 31). Auch erscheint aufgrund einer breit angelegten Befragung (Vonlanthen 1995: 479) der Druck auf eine Erhöhung des Prämiensatzes in der Schweiz nicht allzu ausgeprägt zu sein.

(b) Regelung bezüglich *Steuern und Sozialabgaben*. Aus der DIB-Sondererhebung geht hervor, dass fast ein Drittel der befragten Unternehmungen sich für die Übernahme der Steuern und Sozialabgaben auf VV-Prämien entschieden hatte (Nowak 1979: 25). Etwa denselben Anteil konnten wir auch bei unserer „Spitzengruppen-Befragung" (mit p. a. mehr als 100'000 registrierten VV) feststellen (vgl. Post/Thom 1980). Für BVW-Gestalter dürfte es von besonderem Interesse sein, aus dieser Studie zu erfahren, dass dieses exakte Drittel eine durchschnittlich weitaus höhere Beteiligungsquote (35 %) aufweisen konnte als die Nicht-Übernehmer (16.7 %) von Steuern und Abgaben. Auch hier ist wiederum darauf hinzuweisen, dass die Isolierung einzelner Einflussfaktoren auf die Beteiligungsquote (siehe Punkt 3) größte Schwierigkeiten bereitet. Dennoch erscheint es plausibel anzunehmen, dass Mitarbeiter den Prämienanreiz dann als beteiligungsmotivierender empfinden, wenn sie nicht Finanzämter und Sozialversicherung an ihrem Erfolg aus einer freiwilligen Sonderleistung überproportional partizipieren lassen müssen.

Auch nachdem per 1. Januar 1989 im Zusammenhang mit der Steuervergünstigung von VV eine Änderung der deutschen Rechtsgrundlage (d. h.

ein Wegfall der Vergünstigung) eingetreten ist, scheinen die Unternehmungen kaum ihr traditionelles Vorgehen in der Frage der Steuerübernahme überdenken zu wollen. Wie aus mehreren Erhebungen hervorgeht, schwankt der Anteil derjenigen Unternehmungen, die Steuern und Sozialabgaben ihrer prämierten Mitarbeiter übernehmen, seit mehreren Jahren zwischen einem Viertel und einem Fünftel (vgl. Göhs 1985: 135; Vomend 1989; 1990 (b): 98 f.). Dem Vorteil für die Mitarbeiter steht offensichtlich ein erheblicher administrativer und finanzieller Aufwand seitens der Unternehmung gegenüber. Die letzte der soeben angesprochenen Studien (vgl. Vomend 1990 (b)) ermittelte im Einzelnen, dass 54 % (34 %) der untersuchten Betriebe im Zusammenhang mit der Steuerübernahme keine Änderung vornehmen (vorerst abwarten) wollen. Weitere 10 % der Unternehmungen wollten die Steuer nicht übernehmen. Nur 2 % der Befragten beabsichtigten, für die Steuer aufzukommen und nur bei 33 % waren für die Zukunft Änderungen der Prämiensätze zwecks Steuerausgleichs geplant. 55 % (45 %) der Betriebe, welche eine Prämienanpassung vornehmen wollten, beabsichtigten diese im unteren Bereich (gesamten Bereich). Im Zusammenhang mit der neu aufgeworfenen Frage der Steuerübernahme ist auch die Reaktion der Mitarbeiter auf die steuerrechtliche Veränderung untersuchungswürdig. So fand man in dieser Studie heraus, dass die befragten Mitarbeiter der untersuchten Betriebe in 1 % der Fälle negativ und in 69 % der Fälle abwartend auf die neu erhobene Steuer reagierten.

In der Schweiz wird seitens des Staates keine Steuervergünstigung auf VV-Prämien gewährt (vgl. SAV 1990). In schweizerischen Unternehmungen steht die Steuerübernahme bisher nicht zur Debatte. Dies ist sicherlich auch darauf zurückzuführen, dass das Steuerniveau (wenngleich auch kantonsweise verschieden) allgemein niedriger liegt als in Deutschland und Österreich.

(c) Festlegung von *Mindest- und Höchstprämien*. Um einen unangemessenen Verwaltungsaufwand für die Unternehmungen sowie den Eindruck einer „Trinkgeldzahlung" beim Prämierten zu vermeiden, sollte es

Orientierungslinien zur Fixierung einer Mindestprämie geben. Für eine Begrenzung nach oben ist kein betriebswirtschaftlich überzeugender Grund erkennbar, erhält doch die Unternehmung stets mindestens einen gleich hohen Nutzen wie der Prämierte, in aller Regel sogar ein Mehrfaches davon. In einer vom DIB durchgeführten Erhebung ist denn auch festgestellt worden, dass 119 von 175 befragten Unternehmungen keine Höchstgrenze für Prämien festsetzen (vgl. Göhs 1989). Selbst eine öffentliche Unternehmung wie die Deutsche Bundespost hatte die Höchstgrenze mit DM 100'000.– beachtlich hoch angesetzt, wird doch im Bereich der öffentlichen Verwaltung argumentiert, eine allzu generöse Handhabung der Prämienausschüttung könne zu einer Umverteilung von Haushaltsmitteln oder zu einer Ausweitung des Verwaltungshaushalts führen. Argumente für eine Höchstprämie haben häufig einen moralisierenden Klang (z. B. Mitarbeiter sollen durch außerordentlich hohe Prämien nicht aus der Bahn geworfen werden.).

Etwa ein Drittel der 1979 vom DIB erfassten Unternehmungen hatte die Mindestprämie unterhalb von DM 30.01 festgelegt, etwas über die Hälfte lag mit ihrer Mindestprämie zwischen DM 31.– und 50.–. Bemerkenswert war, dass über drei Viertel (78.3 %) der 124 Auskunft gebenden Unternehmungen bereits in den siebziger Jahren auf eine Höchstprämienfestlegung verzichtet hatten (Nowak 1979: 22). Dieser Trend setzt sich offensichtlich fort, wie dies in der von Göhs (1989) im Auftrag des DIB vorgenommenen Untersuchung in bundesdeutschen Betrieben belegt werden konnte (vgl. die im vorstehenden Abschnitt genannten Zahlen).

Die materielle Entschädigung (Belohnung) für einen VV kann sowohl in monetärer Form als auch in der Gestalt einer Sachleistung erfolgen. Bei dieser letzten Art der Entgeltung gilt es die in letzter Zeit verstärkt in die Diskussion eingebrachten Incentive-Reisen zu erwähnen (vgl. Heimann 1988). Eine vom Forschungsinstitut für Freizeit und Tourismus (FIF) der Universität Bern durchgeführte Studie (vgl. Peters 1990) hat ergeben, dass bereits rund jedes fünfte der befragten mittleren und großen

Schweizer Unternehmungen heute ihre Mitarbeiter für besondere Leistungen (jedoch nicht nur innerhalb des BVW) mit Incentive-Reisen belohnt. Aufgrund des immer höheren Stellenwertes des Freizeitsektors und der vorteilhaften steuerlichen Aspekte wird dieses Mittel der Mitarbeitermotivation in näherer Zukunft wohl noch an Bedeutung gewinnen, zumal Incentive-Reisen über den rein materiellen Wert der Reise hinaus einen nicht kalkulierbaren Erlebniswert bieten. Außerdem ist es für viele Menschen (z. B. in der Schweiz) leichter, über eine derartige Belohnung im Kollegen- und Bekanntenkreis zu sprechen, als dies bei einer reinen Geldauszahlung der Fall wäre.

(d) Ansatz von *Korrekturfaktoren*: Sie beziehen sich einerseits auf die Person des VV-Einreichers und andererseits auf den VV als solchen. Rein betriebswirtschaftlich bzw. leistungswirtschaftlich ist wohl kaum einzusehen, dass personenbezogene Korrekturfaktoren angesetzt werden. Auch die IG-Metall argumentiert (1975: 2): Maßgebend für die Vergütung eines VV sei der zu erwartende Nutzen. Bei der Bewertung dürfe es keine Rolle spielen, wer den VV gemacht habe. Es ist jedoch nicht von der Hand zu weisen, dass es aufgrund der organisatorischen Eingliederung (Art der Aufgabe, Stellung im inner- und überbetrieblichen Informationsfluss) unterschiedlich gute Chancen zur Ideenfindung bei sonst gleichen Voraussetzungen bezüglich Leistungsbereitschaft und Leistungsfähigkeit geben kann. Diese Überlegung fand in der Praxis weitgehend Anerkennung: Nahezu zwei Drittel der in der DIB-Umfrage berücksichtigten Unternehmungen verwendeten 1979 Korrekturfaktoren, die sich bei etwa vier Fünfteln dieser Fälle auf die betriebliche Stellung und den Arbeitsbereich des VV-Einreichers bezogen. Angesichts der Tatsache, dass immer mehr Mitarbeiter – auch unterer Rangstufen – in stufen- und bereichsübergreifenden Projekten mitwirken, erscheint dieses Vorgehen zunehmend problematisch. Den Bezugspunkt für die Korrekturfaktorenanwendung bildete bei 30 % der Befragten (auch) die Einkommensklasse. Verschiedene Gewerkschaftsvertreter plädierten schon vor geraumer Zeit für ein unschematisiertes Abwägen all jener Faktoren, die den VV-Einreicher zu seiner Initiative bewogen haben (vgl. Keller 1979: 364).

Zugleich schlagen sie vor, die „geistige Arbeit" bei der Bewertung der Vorschläge stärker zur Geltung kommen zu lassen. Diesem Argument scheinen auch nicht wenige der deutschen Unternehmungen aus der DIB-Sondererhebung zuzustimmen. Etwa ein Drittel von ihnen setzte sachbezogene (also auf den VV als solchen gerichtete) Korrekturfaktoren an, wobei sich mehr als 70 % dieser BVW-Betreiber auf die „Originalität" des VV und etwa ein Viertel auf seine „Reife/Brauchbarkeit" bezogen (Nowak 1979: 23).

4.4.1.2 Verbesserungsvorschläge mit nicht quantifizierbarem Nutzen

Letztere Überlegungen spielen vor allem bei den VV mit nicht errechenbarem Nutzen, die in den bundesdeutschen, österreichischen und schweizerischen BVW-Statistiken die überwältigende Mehrheit ausmachen, eine große Rolle. Drei Viertel der vom DIB um Auskunft gebetenen Unternehmungen hatten für diese VV spezielle Bewertungsschemata entwickelt (Nowak 1979: 24). Bei der Konstruktion solcher Bewertungsschemata geht es im Prinzip darum, mehrere Bewertungskriterien in ausgewogener Weise gleichzeitig zu berücksichtigen. Hierzu zählen:

(a) der geschätzte Nutzen für den Betrieb,
(b) der Fleiß, die Mühe, das Engagement des/der Vorschlagenden,
(c) die Originalität (der Neuigkeitsgehalt) seines/ihres VV,
(d) die Vergleichbarkeit mit bereits prämiierten VV, um das Prinzip der „relativen" Gerechtigkeit zu wahren, sowie
(e) die Werbewirksamkeit und Anreizwirkung für potenzielle BVW-Teilnehmer (vgl. zu solchen Kriterien u. a. Pansegrau 1976).

Besondere Bedeutung kommt bei der Prämierung auch der möglichen *Anwendungshäufigkeit* eines VV innerhalb der Wirtschaftseinheit zu (vgl. zu zahlreichen Einzelbeispielen für Prämiierungsverfahren u. a. Brinkmann/Heidack 1982: 173 ff.). Ein Überblick bezüglich der Anwendungshäufigkeit kann durch EDV-gestützte „Ideenbanken" gewährleistet werden. Besonders in großen und dezentralen Unternehmungen lässt sich durch solche Ideenbanken die Information über Anwendungsmöglichkeiten deutlich verbessern.

Unfallverhütungs- und Umweltschutz-VV nehmen insofern häufig eine Sonderstellung ein, als für sie besondere Bewertungssysteme (Noha 1979) konzipiert werden (so etwa bei einem Drittel der vom DIB befragten Betriebe; Nowak 1979: 25) und bei ihnen der Bearbeitungsvorgang beschleunigt verläuft. Es kann sogar vorkommen, dass derartige VV von der Berufsgenossenschaft zusätzlich honoriert werden (Merz 1981: 6).

Für jedes materielle BVW-Anreizsystem sind unabhängig von der Frage, ob der Nutzen eines VV in Geldeinheiten quantifiziert werden kann, die im weiteren behandelten Gestaltungsaspekte zu regeln.

4.4.1.3 Der Kreis der Prämienberechtigten

Der Trend geht dahin, den Kreis der Prämienberechtigten möglichst weit (großzügig) zu definieren. Dies geht auch aus einer Studie hervor, in welcher ermittelt wurde, dass bereits 60 % der untersuchten Unternehmungen und Verwaltungsbetriebe gemäß den Empfehlungen des DIB verfahren, d. h. dort sind alle Mitarbeiter teilnahmeberechtigt. Nur bei 40 % der Befragten wurden Einschränkungen vorgenommen (vgl. Göhs 1988: 146).

In der Spitzengruppen-Befragung stellten wir fest, dass von insgesamt 520'291 Beschäftigten, 509'280 (d. h. 97.88 %) prämienberechtigt waren. Die Ausschlussquote betrug damit immerhin 2.12 % der Arbeitnehmer. Dies ist im Vergleich zu Japan (6.57 % laut Yamashita 1982: 60) relativ wenig, während in der Schweiz im Jahre 1978 die Ausschlussquote bei 1.3 % (1987: 0.9 %, 1994: allerdings wieder 2.2 %) und in Österreich ein Jahr später sogar nur bei 0.5 % (1987: 0.5 %) lag. Bei den von uns untersuchten deutschen Großunternehmungen kam es u. a. vor, dass bereits AT-Angestellte und Führungskräfte im Range eines Abteilungsleiters von der Prämienberechtigung ausgeschlossen wurden (vgl. Post/Thom 1980: 121). Unter den BVW-Experten geht die Tendenz in der

Diskussion inzwischen dahin, wenn überhaupt, nur sehr wenige Arbeitnehmer von der Prämienberechtigung auszuschließen, etwa den nach strengster Auslegung von § 5, Abs. 3 des deutschen Betriebsverfassungsgesetzes als leitende Angestellte zu bezeichnenden Personenkreis. Insbesondere unter den Aspekten der Wirtschaftlichkeitsverbesserung und Innovationsförderung sollte der Kreis der Prämienberechtigten sehr weit gezogen werden. Mit zunehmender Hierarchiestufe wird es einerseits immer schwieriger, den VV einer Führungskraft als echte Sonderleistung einzustufen. In dieser Ausweitung des prämienberechtigten Personenkreises liegt für das BVW andererseits eine Chance, sich von den konkurrierenden und flankierenden Einrichtungen wie Lernstatt und Qualitätszirkel in qualitativer Hinsicht abzusetzen. Wir konnten bereits innerhalb einer Abstufung zwischen Auszubildenden, Hilfspersonal, Facharbeitern und Meistern empirisch ermitteln, dass die Annahmequote mit zunehmendem Anteil der Höherqualifizierten steigt (vgl. Post/Thom 1980: 123). Vonlanthen (1995: 483) ermittelt in seiner Befragung in der Schweiz, dass mehrheitlich der Wunsch geäußert wurde, auch Führungskräfte vermehrt am BVW teilnehmen zu lassen.

4.4.1.4 Die Festlegung von Ausschlusszeiten

Nach wie vor bleibt es umstritten, ob es zweckmäßig ist, in der Anlaufzeit von neuen Aggregaten etc. Sperrfristen für VV zu verhängen. Nach Ansicht des Verfassers zeugen sie von einer restriktiven oder zumindest nicht voll reflektierten Haltung gegenüber dem BVW. Unterstellt man eine realistische Einschätzung der zeitlichen Wirkdauer des VV – am sichersten erscheint hier die Abschlagszahlung mit Nachprämiierung – so trägt der Betrieb auch in diesem Fall wiederum mindestens einen ebenso großen Nutzen davon wie der Prämierte. Es kann daher kaum verwundern, wenn Gewerkschaften den Betriebsräten empfehlen, einem derartigen Verlangen des Arbeitgebers bei der Aushandlung von BVW-Betriebsvereinbarungen „mit Entschiedenheit" (DAG 1976: 38) entgegenzutreten (ähnlich auch die IG-Metall 1975: 2).

4.4.2 Das immaterielle Anreizsystem

Mit Geld- und Sachprämien wird man sicherlich nicht alle Bedürfnisse befriedigen und nicht allein zur Zufriedenheit beitragen können, obgleich zu bedenken ist, dass es sich bei VV-Prämien um Zusatzeinkommen handelt und mit der Prämienzahlung immer auch eine Anerkennung für erbrachte kreative Sonderleistungen verbunden ist.

Zahlreiche Motivationstheorien (vgl. den bereits in Abschnitt 4.4 erwähnten Überblick bei Weinert 1992: Sp. 1429 ff.) konkurrieren miteinander, einige beanspruchen auch, Aussagen zur zweckmäßigen Gestaltung betrieblicher Anreizsysteme machen zu können. Inzwischen sind jedoch in vielen Fällen die Methodenabhängigkeit (wie wurden die Daten ermittelt?), die Abhängigkeit vom Ausbildungsstand und der beruflichen Stellung der befragten Personengruppen (wer wurde befragt?) und nicht zuletzt die Kulturkreisbezogenheit (wo wurde gefragt?) einzelner Befunde und ihrer theoriegeleiteten Interpretationen nachgewiesen worden. Dies legt es dem Praktiker nahe, sich selbst von Zeit zu Zeit einen Überblick über wichtige Mitarbeitermotive in der jeweiligen Belegschaft zu verschaffen, um betriebliche Anreizsysteme dementsprechend auszurichten und überarbeiten zu können.

In der BVW-Belegschaftsbefragung, die der Verfasser zusammen mit Klaus Heinz Losse durchführte, haben wir in bewusst einfacher Formulierung versucht, in Erfahrung zu bringen, welche Motive für die Einrichtung von VV in diesem individuellen Mittelbetrieb besondere Bedeutung haben. Unsere Frage lautete (vgl. Losse/Thom 1977: 89):

„Ich habe hier 4 Zettel, auf denen ein Vorteil steht, den man haben kann, wenn man einen guten VV eingereicht hat. Versuchen Sie einmal ganz ehrlich sich selbst gegenüber zu sein, und sagen Sie mir dann, welcher Vorteil Sie am meisten interessiert:

(a) Schöpferische Mitarbeit
(b) Persönliche Anerkennung
(c) Arbeit erleichtern (sicherer machen)
(d) Steuerfreie Geldprämie."

Bei der Auswertung der Antworten gingen wir so vor, dass das vom jeweils Antwortenden an erster Stelle genannte Vorschlagsmotiv 4 Punkte erhielt, das an zweiter Stelle genannte 3 usw. Bei zwei Angestellten wurde die 4 zweimal vergeben, weil die Befragten keinen Unterschied machen konnten. Das Gesamtergebnis enthält Tabelle 8 (vgl. hierzu die ähnliche Befragung von Bumann 1991: 206).

Dieser (nicht verallgemeinerungsfähige) Befund machte für die interviewte Belegschaft einerseits die Anreizwirkung einer steuerfreien Geldprämie – besonders bei den gewerblichen Mitarbeitern – sichtbar. Wie sehr dies von Belegschaft zu Belegschaft (und hier möglicherweise je nach Befragungszeitpunkt) unterschiedlich sein kann, zeigt z.B. die Studie von Dreyer (1973: 187 ff.), der zufolge nur 2.5 % der Befragten (Stichprobe: 187 von 2'000 Mitarbeitern) die Geldprämie als Grund für eine Teilnahme am BVW nannten. In unserer Belegschaftsbefragung stand ein Humanisierungsziel („Arbeit leichter/sicherer machen") klar an der Spitze (auch im Angestelltenbereich!). Erinnern wir uns daran, dass 102 Betriebsräte der Auffassung waren, das BVW sollte in erster Linie ein *„Instrument der Arbeitserleichterung"* sein. Sowohl diese 102 Betriebsräte als auch 71 BVW-Beauftragte setzten an die zweite Stelle (gleichermaßen im Ist- wie auch im Soll-Zustand) das BVW-Ziel *„Erhöhung der Arbeitssicherheit"* (Büsch/Thom 1982: 172). Vielleicht lässt sich daraus mutmaßen, dass auch in vielen anderen Belegschaften vergleichbar hoch einzustufende Mitarbeiterziele aus dem Humanisierungsbereich vorliegen. Aufschlussreich am Ergebnis unserer kleinen Belegschaftsbefragung war weiterhin der geringe Abstand der „immateriellen" Vorschlagsmotive wie *„persönliche Anerkennung"* und *„schöpferische Mitarbeit"* zum Streben nach steuerfreier Geldprämie. Daraus sind Konsequenzen für die Anreizsystemgestaltung (jedenfalls in diesem Betrieb) zu ziehen.

Tab. 8: BVW-Beteiligungsmotive (Ergebnisse einer Belegschaftsbefragung: Mitarbeiter ohne Vorgesetztenfunktion)

genanntes Vorschlagsmotiv	zugemessene Bedeutung	
	addierte Punktzahl	durchschn. Punktwert
I. Angestellte Mitarbeiter (10 Vpn)		
1. Arbeit erleichtern (sicherer machen)	31	3.10
2. Schöpferische Mitarbeit	29	2.90
3. Steuerfreie Geldprämie	25	2.50
4. Persönliche Anerkennung	17	1.70
II. Gewerbliche Mitarbeiter (19 Vpn)		
1. Arbeit erleichtern (sicherer machen)	56	2.95
2. Steuerfreie Geldprämie	48	2.53
3. Persönliche Anerkennung	45	2.37
4. Schöpferische Mitarbeit	41	2.16
III. Gesamtbelegschaft (29 Vpn)		
1. Arbeit erleichtern (sicherer machen)	87	3.00
2. Steuerfreie Geldprämie	73	2.52
3. Schöpferische Mitarbeit	70	2.41
4. Persönliche Anerkennung	62	2.14

Anerkennung kann einem Mitarbeiter zunächst über die im BVW selbst tätigen Personen (BVW-Beauftragter, BVW-Kommissionsmitglieder etc.) ausgesprochen werden. Die unmittelbaren Vorgesetzten und auch die Personalleitungen sind weitere wichtige *Anerkennungsgeber*. Durch öffentliche Belobigungen wird diese Anerkennung auch über die vorgenannten bilateralen Beziehungen hinaus wirksam. Hierfür eignen sich beispielsweise Bekanntgaben in Werks- bzw. Personalzeitschriften und Betriebsversammlungen. Übertriebene Anerkennung durch solche öffentliche Herausstellung des VV-Einreichers dürfte jedoch auch als peinlich empfunden werden, zu negativen Kollegenreaktionen führen und kann damit zu einem Hemmnis für die zukünftige Vorschlagsbereitschaft werden. Zweifellos erhält ein VV-Einreicher eine besondere Anerkennung dadurch, dass sein VV tatsächlich und so schnell wie möglich eingeführt wird.

Witt (1986: 63 ff.), der 1985 in einer branchenübergreifenden Erhebung elf Unternehmungen untersucht hat, kommt hinsichtlich der Anreizkriterien im BVW (aus Mitarbeitersicht) zu folgendem Ergebnis: 21 % der vorschlagenden Mitarbeiter hoffen, durch ihren Erfolg im BVW *Anerkennung* seitens der Kollegen und Vorgesetzten zu erhalten. Dabei ist der Drang nach Anerkennung bei den Vorgesetzten als leicht überdurchschnittlich einzustufen. Witt folgert aus den erhaltenen Antworten, dass 15 % der Mitarbeiter aus *Karrieregründen* im BVW mitwirken. (Hier gilt es zu bedenken, dass mit einer Beförderung zugleich zwei andere mögliche Ziele erreicht werden: Zum einen steigt das Ansehen, zum anderen das Gehalt.) Die Beförderung (auf Linienstellen) von kreativen Mitarbeitern birgt aber auch Gefahren in sich. Diese Belohnungsform kann neue Barrieren seitens anderer Betriebsangehörigen schaffen sowie dem positiv sanktionierten Unternehmungsmitglied die Voraussetzung für eine ausgedehnte Kreativität entziehen. Durch die Schaffung einer Parallelhierarchie bzw. Fachlaufbahn können diese Nachteile teilweise umgangen werden (vgl. Thom 1980: 186 ff.). 12 % der an der Studie von Witt (1986) partizipierenden Betriebsangehörigen wollen über das BVW demonstrieren, dass sie über *bereichsübergreifende Kenntnisse* verfügen. Für weitere 12 % der am BVW Teilnehmenden spielt die *organisatorische Nähe* (gemäß subjektiver Einschätzung) zu Beurteilern/Gutachtern eine erhebliche Rolle. Lediglich 9 % der

Mitarbeiter streben durch ihr Engagement im BVW eine *Prämie* an. Hierbei gibt Witt jedoch zu bedenken, dass sich auch im Karrieremotiv indirekt monetäre Erwägungen wieder finden können. Die allgemeine Handhabung des BVW, das sog. *Klima* (Ausprägungsbeispiele: Rationalisierungsangst, Bedenken wegen eventueller Lohnkürzungen, Grundprämien der Mitwirkenden allein bereits für das Einreichen eines VV etc.) empfinden 8 % der Mitwirkenden als wichtig. Weitere als bedeutend angesehene Kriterien sind: Resultate früherer VV (7 %), Arbeitserleichterung (6 %), Selbstverwirklichungsziele (6 %), Bekanntheit des BVW (2 %). Witt hält fest, dass diese Anreizkriterien zum Teil miteinander verkettet sind und je nach Mitarbeiterkategorie (hierarchische Einordnung, Angestellte, Facharbeiter etc.) eine leicht veränderte Bedeutung erhalten.

Bei der Befragung von ausgewählten Teilen der Belegschaft eines mitteleuropäischen Industriekonzerns (400 Personen wurden befragt, von denen 283 Personen antworteten, d. h. der Rücklauf beträgt 70.7 %) ermittelte Etienne (1995: 71) die in der Tabelle 9 aufgeführten Beweggründe für die Teilnahme am Vorschlagswesen. Die Resultate betonen die Bedeutung der immateriellen Motive. Eigene VV werden von in der Fallstudie befragten Personen vor allem eingereicht, um die Arbeit zu erleichtern und allfällige Missstände zu beheben. Diese zwei am häufigsten genannten Beweggründe beziehen sich somit direkt auf die Arbeit und ihr Umfeld, während das Motiv „Möglichkeit zur kreativen Mitarbeit" vielmehr den Mitarbeiter selber betrifft. Das Ergebnis dieser Fallstudie spricht einmal mehr gegen die Argumentation von Sprenger (1994: 9 ff.), der ein bekannter Gegner des BVW ist. In einer seiner Thesen behauptet er, durch das BVW könnten die immateriellen Bedürfnisse der Mitarbeiter nicht befriedigt werden. Vielmehr würde das BVW über materielle Anreize die Mitarbeiter „bestechen", VV einzureichen.

Tab. 9: Beweggründe für eine Teilnahme am BVW

Beweggründe	Abteilung	Ergebnisse beider Abteilungen zusammen (N = 283, Mehrfachnennungen möglich)
1. Arbeit erleichtern	230	81.3 %
2. Missstände beheben	192	67.8 %
3. Möglichkeit zur kreativen Mitarbeit	130	45.9 %
4. Möglichkeit, aktiv am Betriebsgeschehen teilzunehmen	93	32.9 %
5. Ansprechende Geldprämie	85	30.0 %
6. Persönliche Anerkennung in der Unternehmung	46	16.3 %
7. Andere Gründe	26	9.2 %

Zwischen der Zahl der angenommenen und der realisierten VV kann ein erheblicher Unterschied bestehen. Dazu einige statistische Angaben, die sicher noch verlängert werden könnten. Gemäß DIB-Statistik 1987 wurden 7.9 % aller angenommenen und prämierten VV letztlich nicht durchgeführt. In einer Statistik über VV in 427 japanischen Unternehmungen wird ausgewiesen, dass von 16'900'000 angenommenen VV anschließend 12'672'000 durchgeführt wurden. Etwa ein Fünftel der angenommenen VV gelangte also nicht zur Realisierung (Yamashita 1982: 60). Bei einer Befragung von 18 Mittelbetrieben der Maschinenbau- und Gießereiindustrie ermittelte Lüders (1981: 73) eine mittlere Durchführungsquote von 64.6 %. Eine ähnliche Zahl wurde auf einer BVW-Fachtagung der Arbeitsgemeinschaft für Rationalisierung des Landes Nordrhein-Westfalen genannt (vgl. Grochla/Brinkmann/Thom 1978: 83). Durch die Realisierung seines VV hat der Mitarbeiter dann auch am Betriebsgeschehen „schöpferisch mitgewirkt". VV, die lediglich „auf Halde" gehen, dürften à la longue dieses Bedürfnis nicht befriedigen. Bei der Gestaltung seiner unmittelbaren Arbeitsumgebung kann der Arbeitnehmer für sich ein besonders hohes Maß an Sachkunde beanspruchen. Hierzu zählen auch die VV zur Unfallverhütung und Verbesserung der Arbeitssicherheit. In diesem Fall steht der potenzielle VV-Einreicher auch kaum vor Risikobarrieren (Hindernisse durch das Nicht-Wagen). Seine persönliche Anerkennung durch Kollegen, Vorgesetzte und – soweit vorhanden – eigene Mitarbeiter kann als gesichert gelten.

Die persönliche Anerkennung wird verstärkt, wenn der Einreicher über seine Belobigung und die Realisierung seines VV hinaus eine *Förderung in seiner persönlichen Entwicklung* im Berufsleben erfährt, etwa durch Bildungs- und Stellenbesetzungsmaßnahmen. Aus betriebswirtschaftlicher Sicht sind solche Folgemaßnahmen der Personalentwicklung allerdings nur dann gerechtfertigt, wenn sie auch einem betrieblichen Bedarf entsprechen (vgl. Grochla/ Thom/Strombach 1983; Thom/Blunck 1995: 37 ff.). Bildungsmaßnahmen sind dementsprechend als Investitionen und nicht als Ausdruck der Belohnung zu konzipieren. Zugleich muss sichergestellt sein, dass die Auswahl des zu Fördernden auf einer hinreichend breiten Informationsbasis erfolgt. Solche Informationen können u. a. durch das Beurteilungssystem bereitgestellt werden. In der Spitzengruppen-Befragung ermittelten wir, dass nur für etwa die Hälfte der über 500'000 Mitarbeiter von zwölf Großbetrieben im Beurteilungsformular eine aktive und qualifizierte Beteiligung am BVW festgehalten werden konnte. Das geschah allerdings häufig nur indirekt über die Bewertung der Merkmale „Aktivität im allgemeinen", „Kreativität und Initiative" oder die Möglichkeit, unter dem Punkt „Sonstiges" einen gezielten Hinweis auf (herausragende) BVW-Erfolge des Beurteilten zu geben (vgl. Post/Thom 1980: 134). Nur in wenigen Fällen hatte erfolgreiches Einreichen von VV Einfluss auf die Stellenneubesetzung (weniger als ein Zehntel), auf die Planung des Führungsnachwuchses (ebenfalls unter einem Zehntel) und schließlich auf alle personellen Entscheidungen (weniger als ein Fünftel), wobei bei diesen drei Antwortkategorien Mehrfachnennungen zulässig waren. In diesem Bereich des Anreizsystems sind bei vielen Unternehmungen wahrscheinlich noch Ausgestaltungsmöglichkeiten vorhanden. Das BVW wäre damit in die betrieblichen

Personalentwicklungssysteme zu integrieren (vgl. Thom 1987 und 1992 (a): Sp. 1676 ff.).

Ein differenziertes Anreizsystem kann auch flexibel im Sinne des Cafeteria-Ansatzes (freie Auswahl von Anreizen innerhalb eines bestimmten Budgets) gestaltet werden (mit zusätzlichen Anreizmitteln wie Reisen, Freizeitangebot etc.). Es wird ebenfalls die Vorgesetzten von besonders vorschlagsaktiven Organisationseinheiten sowie sorgfältig, objektiv und schnell arbeitende Gutachter für VV einbeziehen sowie Informationen darüber bei der *Personalentwicklungsplanung* für Fach- und Führungskräfte berücksichtigen. Das Volkswagenwerk berichtete in seiner Mitarbeiter-Zeitung (12. Jg. 1982, Nr. 10, S. 1 und 7) darüber, dass Fachgutachter, die sich bei der Begutachtung und Umsetzung von VV mit „persönlichem Engagement" eingesetzt hatten, besonders ausgezeichnet wurden (Schreiben des Vorstandes verbunden mit einer wertvollen Sachprämie). Diesem Beispiel sind inzwischen andere Unternehmungen gefolgt.

Das BVW kann selbst als Motivationsinstrument eingesetzt werden, da sich die Mitarbeiter durch die nun mögliche Teilnahme am Verbesserungsmanagement herausgefordert fühlen. Namhafte Unternehmungen mit langjähriger BVW-Erfahrung sehen hierin Fortentwicklungsmöglichkeiten für das BVW (vgl. Schlitzberger 1982: 49). Ein durchdachtes Anreizsystem für BVW-Teilnehmer kann jedenfalls auf wirkungsvolle Weise dazu beitragen, Willens- und Risikobarrieren bei den Mitarbeitern zu beseitigen.

4.5 Die Organisation des Betrieblichen Vorschlagswesens

Wird das BVW als eine Daueraufgabe verstanden, so ist durch ihre organisatorische Gestaltung ein Effizienzvorteil zu erwarten. Entsprechend dem Sprachgebrauch der Praxis soll im Folgenden zwischen ablauf- und aufbauorganisatorischen Aspekten unterschieden werden, obgleich beide untrennbar miteinander verbunden sind und nur rein gedanklich getrennt werden können. Organisatorische Fragen gehören zu den Grundsätzen des BVW. Ihre Regelung findet nahezu immer Niederschlag in BVW-Betriebsvereinbarungen. Führungskräfte haben hier folglich (unter Beachtung der Mitbestimmung) eine wichtige Gestaltungsaufgabe zu lösen.

4.5.1   Ablauforganisatorische Aspekte

Die Ablauforganisation erstreckt sich auf die betrieblichen Prozessphänomene. Sie regelt die raum-zeitlichen Arbeits- und Bewegungsvorgänge (vgl. Küpper 1981: 3; Gaitanides 1992: Sp. 1 ff.). Im BVW bedürfen v. a. die Vorschlagswege (Einreichungswege), die Vorschlagsformen und die Vorschlagsbearbeitung, insbesondere deren Dauer (Durchlaufzeit), einer ablauforganisatorisch effizienten Regelung. Effizient sind diese Regelungen, wenn sie einen breiten Zustrom von VV fördern sowie zur Minimierung der Prozessdauer zwischen VV-Abgabe und Ideenrealisierung unter Beachtung der Zufriedenheit aller Prozessbeteiligten beitragen.

4.5.1.1   Der Einreichungsweg

Der Dienstweg müsste in allen Betrieben als der normale und wohl auch ideale *Einreichungsweg* zu gelten haben, vorausgesetzt, in den Betrieben herrschte durchweg ein innovationsförderliches Klima. Dies kann jedoch keineswegs überall unterstellt werden. Zur Einführung des BVW (Ende vorletzten Jahrhunderts) dürfte vielfach auch das Misstrauen der Arbeitgeber beigetragen haben, gute Ideen der ausführend tätigen Arbeitnehmer würden wegen des Widerstandes der jeweiligen Vorgesetzten häufig der Unternehmungsleitung nicht bekannt und gingen damit der Unternehmung verloren. Ein Wesensmerkmal des BVW war es daher von Anfang an, dass mit ihm ein vom Dienstweg unabhängiger Kommunikationskanal zur Unternehmungsspitze geschaffen wurde. Vorgesetzte sehen in dieser Möglichkeit ihrer Mitarbeiter, an ihnen vorbei VV einreichen zu können, nicht selten eine Unterminierung der eigenen Position (vgl. Kern 1954: 41). In unserer Belegschaftsbefragung stellten wir den repräsentativ ausgewählten Vorgesetzten die Frage: „Glauben Sie, dass es besser sei, alle

Verbesserungsideen zuerst mit dem Vorgesetzten zu diskutieren? Können Sie das begründen?" Über vier Fünftel der Vorgesetzten bejahten diese Frage, weit überwiegend mit dem Argument, der Vorgesetzte habe den „größeren Überblick" (vgl. Losse/Thom 1977: 82). Über andere Gründe soll hier nicht spekuliert werden. Auch aus der Sicht der Belegschaft kann es je nach Beziehungslage zwischen Mitarbeitern und ihren direkten Vorgesetzten als ein bedeutender Störfaktor empfunden werden, keine Möglichkeit zu haben, „den direkten Vorgesetzten zu umgehen". Einen empirischen Beleg liefert Etienne (1995: 74 ff.), die in einem Teilbereich der von ihr befragten Arbeitnehmerschaft ermittelte, dass knapp ein Drittel der Antwortenden diesen Störfaktor nannten, während in einem anderen Teilbereich derselben Unternehmung nur gut ein Siebtel der Befragungsteilnehmer sich ebenso äußerte. Um jedoch eventuell vorhandene Risikobarrieren (sowohl beim Mitarbeiter als auch beim Vorgesetzten) überwinden zu können, muss unter den gegebenen Umständen in den meisten Betrieben die derzeit beste Lösung darin gesehen werden, einem Vorschlagswilligen mehrere Einreichungswege zur freien Auswahl zu überlassen, z. B. den Dienstweg, die direkte Abgabe beim BVW-Beauftragten (Ideenmanager), bei einem Mitglied der Prüfungs- und Bewertungskommission, beim BR, bei der Personalabteilung oder den Einwurf in einen speziellen VV-Kasten, der regelmäßig geleert wird. In unserer Fallstudie ermittelten wir die Neigung der Belegschaft, möglichst viele Abgabemöglichkeiten zu nutzen (vgl. Losse/Thom 1977: 95).

4.5.1.2 Die Anonymitätswahrung

Vielfach vorhandene Risikobarrieren sprechen einerseits weiterhin dafür, VV-Einreichern die Option auf *Anonymitätswahrung* einzuräumen. Andererseits kann in einer starken Inanspruchnahme des Anonymitätsschutzes ein Indikator für eine wenig innovationsförderliche Unternehmungskultur gesehen werden. Letztlich wird diese Rahmengröße zu verbessern sein, denn der Anonymitätsschutz ist nur eine Notlösung, zu der Krafft (1966: 271) meint: „Mit ihr umgehen wir zwar die Schwierigkeiten [...] aber wir tragen nicht zu ihrer Lösung bei, weil ein bestehendes Misstrauen zwischen Arbeitern und

Vorgesetzten und umgekehrt verewigt wird." Brinkmann/Rehn (1978: 8) gehen sogar so weit sich vorzustellen, „[...] dass mit der Aufgabe der Anonymität die Bereitschaft der Vorgesetzten deutlich zunehmen könnte, eigene Mitarbeiter bei der Entwicklung ihrer Vorschlagsideen mit ihren gesamten Kompetenzen zu unterstützen." Sie sehen einen solchen Verhaltenswandel allerdings nicht punktuell verursacht, sondern als Folge einer Neukonzeption des BVW im Rahmen einer umfassenden Organisationsentwicklung (vgl. Bartölke 1980; Coers/Thom 1981; Thom 1992 (b): Sp. 1477 ff.).

Besonders für Großunternehmungen ist der Vorschlag von Schlotfeldt (1990: 105) beachtenswert, in folgender Weise eine zentrale und dezentrale Einreichungsweise zu kombinieren: Für bereichsinterne Verbesserungen soll eine Dezentralisierung des BVW angestrebt werden. VV könnten hier beim direkten Vorgesetzten eingereicht werden. Letzterer hätte eine Art Patenschaft für die eingereichte Idee zu übernehmen und könnte direkt vor Ort über deren Prämierungswürdigkeit und Umsetzbarkeit urteilen, so dass auch das vom Mitarbeiter erwartete Feedback schneller möglich wäre (vgl. Abschnitt 4.5.2.2, S. 84). Allein für bereichsübergreifende VV wäre nach wie vor eine zentrale Bearbeitung vonnöten, um das synergetische Potenzial von VV auszuschöpfen.

Es hat sich als beteiligungsförderlich erwiesen, wenn kein Schriftzwang für die VV-Einreichung besteht. Die mündliche Abgabe wird nicht nur aufgrund von Ausdrucksschwierigkeiten vielfach bevorzugt (mehr als jeder dritte gewerbliche Mitarbeiter sagte uns, dass ihm das Formulieren und Schreiben schwer falle) (vgl. Losse/Thom 1977: 67). Häufig möchte man sich auch „absichern" durch die mündliche Frage, ob der VV überhaupt brauchbar erscheine. Dies wird mündlich möglicherweise sofort beantwortet und je nach Antwort verzichtet ein Mitarbeiter eventuell darauf, den VV überhaupt einzureichen.

4.5.1.3 Die Vorschlagsbearbeitung

Durch ausreichende Prüfungskapazitäten, die bereits erwähnten Anreize für Prüfer (Fachgutachter) und ausreichende Formalisierung der Vorschlagsbearbeitung (z. B. durch detaillierte Bewertungsformulare, Masken) sind wichtige Voraussetzungen dafür zu schaffen, dass die VV-Bearbeitungsdauer möglichst kurz ist (z. B. ein Monat) und die Begutachtung jedes VV nach einheitlichen Kriterien und in einer seiner potenziellen Verbesserungswirkung angemessenen Ausführlichkeit erfolgt. Natürlich sind bei dieser Kapazitätsdimensionierung (das gilt für alle am BVW beteiligten Organe) und bezüglich der EDV-Konfiguration auch Kostenüberlegungen anzustellen. Eine wesentliche Entlastung in der administrativen Bearbeitung von VV kann durch eine spezielle Software erreicht werden (vgl. Koblank 1988, SAV 1990 (b)). Die Anwendung verschiedener Softwarepakete gelangte in den 80er Jahren zu einem Durchbruch bei den größeren Unternehmungen, die überwiegend auch von positiven Erfahrungen berichten (vgl. zur Verbreitung solcher EDV-Programme u. a. Koblank 1988 und 1992: 22 ff., sowie der Überblick o. V. 1994: 21). Bis bei den verbreiteten Prämiensätzen das Maximum des Reinertrages überschritten ist (nach Berechnungen von Zucha (1982: 53) z. B. bei 23 % Prämie erst mit 400 VV/1'000 Mitarbeiter), wird noch viel in das BVW-System investiert werden können. Konkrete Maßnahmen und Effizienzwerte (z. B. Reduktion der Prüfungstage) finden sich in einer Fallschilderung von Metz (1979).

4.5.2 Aufbauorganisatorische Aspekte

Die Bestimmung der Aufgabenträger sowie die Festlegung ihrer Aufgaben, Kompetenzen und Verantwortung sind Gegenstand aufbauorganisatorischer Regelungen. Führungskräfte (Topmanagement und Vorgesetzte), BR, BVW-Beauftragte, VV-Gutachter, die Prüfungs- und Bewertungskommission sowie die BVW-Einspruchstelle sollen im Weiteren als BVW-Aufgabenträger gekennzeichnet werden.

4.5.2.1 Das Topmanagement

Das BVW kann nur dann zu einem echten Instrument der Betriebsführung werden, wenn sich auch die *Führungskräfte* als BVW-Aufgabenträger verstehen. Zu den Aufgaben der obersten Führungskräfte (Unternehmungsleitung und Leiter unternehmerischer Einheiten) zählen v. a. die Aushandlung und Unterzeichnung der BVW-Betriebsvereinbarung, die regelmäßige Effizienzkontrolle, die Verbreitung der BVW-Idee bei geeigneten innerbetrieblichen Kommunikationsgelegenheiten. Sie haben auch wichtige Funktionen im Rahmen des BVW-Anreizsystems, etwa wenn sie an Sitzungen der Prüfungs- und Bewertungskommission, in denen VV mit hohem Nutzen zur Entscheidung anstehen, teilnehmen und besonders erfolgreiche VV-Einreicher sowie Vorgesetzte vorschlagsfreudiger Abteilungen etc. oder überdurchschnittlich engagierte Fachgutachter persönlich auszeichnen. Angesichts der nicht immer befriedigenden Durchführungsquoten kann es auch angemessen sein, wenn solche hochrangigen Führungskräfte gegenüber auftretenden Änderungswiderständen bei der Realisierung von anerkannten VV einmal die Rolle des Machtpromotors im Interesse des gesamten Betriebes übernehmen. Ohne ein engagiertes Topmanagement fehlen eigentlich die Grundvoraussetzungen für ein leistungsfähiges BVW.

Das Interesse des *Topmanagements* (TM) am BVW war auch schon Gegenstand empirischer Untersuchungen (Büsch/Thom 1982), die von Zeit zu Zeit wiederholt werden sollten. Keiner der 102 befragten BR beklagte sich über mangelndes Interesse der Unternehmungsleitung am BVW. Die 71 BVW-Beauftragten meinten, die in Tabelle 10 wiedergegebene Entwicklung feststellen zu können (vgl. Büsch/Thom 1982: 170).

Tab. 10: Entwicklung des TM-Interesses am BVW

Entwicklung des Topmanagements (TM)-Interesses am BVW	Häufigkeiten	
	absolut	relativ (in %)
Das TM-Interesse ist eindeutig gestiegen	21	29.6
Das TM-Interesse ist etwas gestiegen	23	32.4
Das TM-Interesse ist unverändert geblieben	26	36.6
Das TM-Interesse ist gesunken	1	1.4
Insgesamt	71	100.0

Es ist nicht auszuschließen, dass sich das zunehmende Interesse und der wachsende Einfluss der BR günstig auf das BVW-Interesse der obersten Führungskräfte ausgewirkt haben. Von den 71 BVW-Beauftragten schätzten über zwei Drittel (67.6 %), dass TM und BR ein gleich hohes Interesse am BVW hätten und mehr als ein Viertel (26.8 %) vertritt die Ansicht, das TM zeige das größere Interesse am BVW (für den umgekehrten Fall entschieden sich nur 5.6 %). Wie ist dieses TM-Interesse nun in seiner Stärke ausgeprägt? Wie wirkt es sich auf das faktische Verhalten aus? Tabelle 11 zeigt uns wieder die subjektive Einschätzung der 71 BVW-Beauftragten (vgl. Büsch/Thom 1982: 170).

Wir fragten uns danach, ob zwischen der Ausprägung der *TM-Unterstützung* und der Beteiligungsquote in den jeweiligen Unternehmungen ein Zusammenhang erkannt werden kann. Unsere statistische Analyse ergab zunächst, dass eine überdurchschnittlich hohe Beteiligungsquote (in dieser Stichprobe: über 12 %) nur in den Unternehmungen auftrat, in denen entweder „volle aktive" oder „wohlwollende" TM-Unterstützung gegeben war. Erhärtend wirkt der signifikante Zusammenhang (Irrtumswahrscheinlichkeit lediglich: 3.3 %) zwischen den Merkmalen TM-Unterstützung und BVW-Interesse der

Belegschaft (vgl. Tabelle 12), wobei die Verteilung der Zahlen allerdings auch die Vermutung untermauert, dass sich auf das Belegschaftsinteresse noch andere Größen als das TM-Interesse auswirken.

Diese Ergebnisse fügen sich gut in das Bild ein, das wir schon bei unserer Spitzengruppen-Befragung gewonnen hatten. Dort errechneten wir bei den Unternehmungen mit voll aktiver TM-Unterstützung des BVW eine durchschnittliche Beteiligungsquote von 25.5 %, während diejenigen, welche die Unterstützung ihres TM als „wohlwollend" bezeichneten, nur die Beteiligungsquote von durchschnittlich 14.8 % erreichten. Die Streubreite der Werte einzelner Unternehmungen war für eine sichere Schlussfolgerung noch zu groß und die Wirkung anderer Faktoren konnte in einer solchen einfachen Gegenüberstellung nicht quantifiziert werden. Dennoch dürften diese Ergebnisse über den Einfluss der TM-Unterstützung sowohl für die BVW-Gestaltung als auch für die weitere BVW-Forschung von Interesse sein (vgl. auch das aufschlussreiche Fallbeispiel bei Etienne 1995: 82 ff.). Kein TM der befragten Unternehmungen mit überdurchschnittlicher Beteiligungsquote (in dieser Stichprobe: 20.2 %; Bundesdurchschnitt in Deutschland seinerzeit: 3.7 %) beließ es lediglich bei einer „Duldung" des BVW (vgl. Post/Thom 1980: 117).

Tab. 11: TM-Unterstützung für das BVW nach Einschätzung der BVW-Beauftragten

Ausprägung der TM-Unterstützung für das BVW	Häufigkeiten	
	absolut	relativ (in %)
volle aktive Unterstützung	26	36.6
wohlwollende Unterstützung	36	50.7
Akzeptierung, da es als unumgänglich empfunden wird	5	7.0
Duldung, da es nicht schaden kann	1	1.4
sonstige Verhaltensweisen	3	4.2
Insgesamt	71	100

Tab. 12: Zusammenhang zwischen TM-Unterstützung des BVW und Interesse der Belegschaft am BVW nach Einschätzung von BVW-Beauftragten (70 auswertbare Fälle)

TM-Unterstützung des BVW \ Belegschaft und BVW	Interesse am BVW ist		Insgesamt
	positiv ausgeprägt	nicht positiv ausgeprägt	
voll aktiv/ wohlwollend	33	29	62
nur Akzeptierung und weniger	1	7	8
Insgesamt	34	36	70

Test nach Fisher-Yates: p = 0.033; die Nullhypothese (Anteilsgleichheit) ist zurückzuweisen

In einer auf schweizerische Unternehmungen bezogenen empirischen Erhebung (vgl. Bumann 1989) schätzen befragte Mitarbeiter die Einstellung ihres TM (Unternehmungsleitung) zum BVW wie folgt ein: Nur 1.4 % der befragten Mitarbeiter sehen im Verhalten ihres TM eine wohlwollende Unterstützung. Für 59 % (8.3 %) der Befragten wird das BVW zwar vom TM geduldet (akzeptiert), aber in 30.6 % der Fälle schenkt das TM dem BVW nach Einschätzung dieser Mitarbeiter nur minimale Beachtung. Umgekehrt gingen Vorgesetzte davon aus, dass 50 % ihrer Mitarbeiter kein besonderes Interesse am BVW haben und dass in 1.4 % der Fälle sogar auf ein BVW gänzlich verzichtet werden könnte. Das TM betrachtet das BVW andererseits jedoch in 48.5 % der Fälle als wertvolle Einrichtung. Besonders bemerkenswert ist der Befund bei Vonlanthen (1995: 477), demzufolge weit überwiegend der Einstellung des TM gegenüber dem BVW ein „sehr bedeutender" Einfluss beigemessen wird.

Ein überdurchschnittliches Engagement des TM wird seine Wirkung auf die in der Hierarchie *nachfolgenden Führungskräfte* nicht verfehlen. Dies geht hinunter bis zu den Vorarbeitern und Meistern. Höckel (1964: 204) formuliert treffend: „Die Meister und Vorgesetzten sind das Rückgrat, aber auch das Kreuz des BVW". Sie müssen durch eindeutige Aussagen des TM aus ihrer Verhaltensunsicherheit befreit werden. Diesen „Rollenstress" kennzeichnet Höckel (1964: 204) wiederum in einprägsamer Sprache folgendermaßen: „'Wie wir es machen, ist es falsch', so lautet ihre Klage; 'kommen viele VV , dann heißt es, der Vorgesetzte ist fachlich nicht in Ordnung; kommen wenige VV, dann heißt es, der ist menschlich nicht in Ordnung'." Dass diese Einschätzung nicht zutreffen muss, belegt Etienne (1995: 79) in ihrer Fallstudie. Dort schätzt etwa ein Drittel der befragten Personen einen Vorgesetzten mit zahlreichen VV aus seiner Abteilung „eher gut" ein. Für rund 44 % der Befragten hat dieser Umstand keinen Einfluss auf die Vorgesetzteneinschätzung. Nur rund 8 % beurteilen einen solchen Vorgesetzten „eher schlecht". Dieses Ergebnis steht im deutlichen Gegensatz zu einer weiteren These von Sprenger. Seiner Meinung nach baut das BVW eine Verfolgerkultur auf, in welcher der Vorgesetzte befürchten muss, bei zahlreichen VV würden die anderen schlecht über seine Abteilung denken.

Neben ihrer unerlässlichen Mitwirkung im BVW-Geschehen (z. B. als Gutachter, Mitglied der Prüfungs- und Bewertungskommission, Gesprächspartner eines unmittelbaren Mitarbeiters bei dessen VV-Ausarbeitung) können Führungskräfte dem BVW durch ihre eigene Teilnahme als Vorschlagende wertvolle Impulse geben.

Einen verhängnisvollen Fehler sollten alle Führungskräfte tunlichst vermeiden: Das BVW darf nicht in eine Art „Nachrichtendienst" des Führungskorps für die Situation „vor Ort" pervertiert werden. Aus Vorschlagenden werden dann „Agenten", die von den Betroffenen über kurz oder lang auch dementsprechend behandelt werden. Die Atmosphäre ist dann nachhaltig vergiftet, das BVW wird sich von diesem Missbrauch auf absehbare Zeit nicht mehr erholen. Ganz anders ist dagegen der Gedanke zu beurteilen, dass BVW zum „Frühwarnsystem" auszugestalten, um dem Management durch die Problemnähe der Mitarbeiter frühzeitig „kritische Situationen" aufzuzeigen (vgl. Böhme 1978: 537). Alle Mitarbeiter können dann mit ihren VV zur Risikominderung bzw. -beseitigung beitragen, ein Gedanke, der gerade in wirtschaftlich schwierigen Zeiten Aufmerksamkeit verdient.

4.5.2.2 Der Vorgesetzte

Es wurde bereits mehrfach auf die mögliche unmittelbare Unterstützung von Vorgesetzten für Mitarbeiter bei der Ausarbeitung von deren VV hingewiesen. Die Rolle von Vorgesetzten kann auch formal betrachtet einen anderen Stellenwert erhalten, wenn sie die ersten Adressaten für die Abgabe von VV werden. Das so genannte „Vorgesetztenmodell" geht von folgenden Annahmen und Regelungen aus (vgl. Urban 1994: 74 ff.):

- Durch die Weiterentwicklung von einem stark verwaltungsintensiven zu einem aktiven dezentralen BVW im Sinne des Vorgesetztenmodells kann die Bearbeitungszeit der VV verkürzt werden. Dies wirkt sich positiv auf die Einstellung und Motivation der Mitarbeiter aus, weil sie sich mit

ihren Ideen ernst genommen fühlen, wenn sie umgehend eine Antwort erwarten können;
- Die Vorgesetzten werden verstärkt in die Verantwortung für das BVW eingebunden, indem aus einer oftmals lediglich „wohlwollenden Duldung" eine konkrete Aufgabe entsteht (vgl. zur Position der SAV Grob 1994: 98). Zu dieser neuen Aufgabe gehört z. B. die Motivation der eigenen Mitarbeiter zur Teilnahme am BVW, die Beratung und Unterstützung des Einreichers bei allfälligen Formulierungsproblemen, die Überprüfung und Begutachtung der eingereichten VV (wenn die persönliche Beurteilung aus fachlichen Gründen nicht möglich ist, muss der VV an einen zuständigen Gutachter weitergeleitet werden) sowie bei einfachen VV der Entscheid bezüglich Annahme oder Ablehnung.

4.5.2.3 Der Betriebsrat

Außer von den Führungskräften wird ein leistungsfähiges BVW – heute mehr denn je – auch von den Angehörigen des *Betriebsrates* (BR) getragen. Dies beginnt meist formal mit der Aushandlung und Unterzeichnung von BVW-Betriebsvereinbarungen (vgl. Krauß 1977: 38 ff.). Bei der Auswertung einer DIB-Sondererhebung stellte Nowak (1979 (a): 131) fest, dass 70 % der 220 erfassten Unternehmungen eine BVW-Betriebsvereinbarung abgeschlossen hatten, davon 86.4 % erst nach dem 1. 1. 1972 (wobei hiermit an das Betriebsverfassungsgesetz gedacht wird). Auch wir konnten ermitteln, dass ca. 86 % der Unternehmungen erst nach 1972 eine BVW-Betriebsvereinbarung verabschiedet hatten (vgl. Büsch/Thom 1982: 166). In dieser Studie (102 befragte BR) war ein insgesamt sehr positives Verhältnis der BR gegenüber dem BVW zu registrieren. Weniger als 8 % der Auskunft gebenden BR dachten „kaum positiv" oder „ablehnend" über das BVW in ihrer Unternehmung. Für diese *positive generelle BVW-Einstellung* vermuten wir aufgrund weiterer Analysen folgende Gründe (vgl. Büsch/Thom 1982: 165):

- Über vier Fünftel (84 %) dieser BR waren mit der *Mitbestimmungspraxis beim BVW* „sehr zufrieden" oder mindestens „zufrieden". Diese Zufriedenheit bezüglich der BVW-Mitbestimmungspraxis steht mit der vorgenannten positiven generellen BVW-Einstellung der BR in signifikantem Zusammenhang ($p < 0.05$).

- Genau die Hälfte der BR war auch der Auffassung, dass das jeweilige *Belegschaftsinteresse* am BVW „günstig" sei. Bei gleich lautender Fragestellung waren es 1962 nur 10 % und 1967 lediglich 20 % der BR, die die IG-Metall befragt hatte (vgl. Scholz/Fuhrmann 1967: 19 ff.). Von „unseren" BR, die das Belegschaftsinteresse als „günstig" einstuften, hatten 90 % auch selbst eine positive generelle Einstellung zum BVW. Der statistische Zusammenhang zwischen beiden Merkmalsverteilungen (BR-Einstellung und vom BR vermutetes Belegschaftsinteresse) war hoch signifikant ($p < 0.001$).

- Eine starke Mehrheit unter diesen 1980/81 befragten BR war überzeugt, dass das BVW in ihren Unternehmungen einen *„Beitrag zur vertrauensvollen Zusammenarbeit"* leisten könne (67 %: uneingeschränkt; 30 %: bedingt).

- Nur diejenigen Unternehmungen wiesen eine *überdurchschnittliche Beteiligungsquote* auf (hier: über 12 %), in denen die BR generell „sehr positiv" oder zumindest „positiv" über das BVW dachten. Wie der Ursache-Wirkungs-Mechanismus (positive Einstellung führt zu hoher Beteiligung oder aber: hohe Beteiligung führt positive Einstellung herbei) verlaufen ist, können wir anhand dieser Querschnittsanalyse nicht ermitteln. Der festgestellte Zusammenhang erscheint allerdings ebenso bemerkenswert wie der analoge Befund in Bezug auf TM-Unterstützung und Beteiligungsquote (siehe oben).

Zwischen „Einstellungen" und faktischem Handeln können durchaus Abweichungen bestehen. Hinzu kommt, dass ein „Selbstbild" sich häufig vom *„Fremdbild"* unterscheidet. Wir nutzen in dieser Erhebung die Chance, gleichzeitig Ansichten von 71 BVW-Beauftragten zu diesem Themenkomplex in Erfahrung zu bringen (vgl. Büsch/Thom 1982: 166):

- Über vier Fünftel (84.5 %) der BVW-Beauftragten sprachen den BR *Einfluss auf die Leistungsfähigkeit des BVW* zu und stuften diesen Einfluss wie folgt ab: sehr stark: 2.8 %; stark: 33.8 %; gewisser Einfluss: 47.9 %.

- Fast vier Fünftel (79 %) der BVW-Beauftragten vertraten die Ansicht, dass das BVW ihrer Unternehmung in den letzten Jahren ein *höheres Ansehen* gewonnen habe. Von ihnen waren wiederum 70 % der Meinung, der BR habe hierzu einen Beitrag geleistet.

- Fast ausnahmslos (96 %) urteilten die BVW-Beauftragten, die BR-Mitarbeit in der Prüfungs- und Bewertungskommission sei durch eine ausgeprägte *Sachlichkeit* und *kooperatives Verhalten* gekennzeichnet.

Trotz dieser recht günstigen Aussagen gab uns das Zahlenmaterial auch Anlass zur Vermutung, dass von den BR selbst noch eine *Promotorenfunktion* zugunsten eines günstigeren Urteils der Belegschaft über das BVW übernommen werden könnte. In 88.6 % der Fälle (39 von 44), in denen die BR das jeweilige Belegschaftsinteresse als „mehrheitlich desinteressiert" einschätzten, hatten die BR selbst (unabhängig davon) eine „sehr positive" (2 Fälle), „positive" (25 Fälle) oder „ziemlich positive" (12 Fälle) generelle Einstellung gegenüber dem BVW. Hier könnten manche BR guten Gewissens noch Aufklärungs- und Überzeugungsarbeit im Dienste des BVW leisten. Sie sollten bei ihren eigenen Kontakten zur Belegschaft das BVW noch überzeugender als eine Möglichkeit zur persönlichen und beruflichen Entfaltung des Arbeitnehmers (vgl. auch § 75, Abs. 2 des Betriebsverfassungsgesetzes), zur unmittelbaren Partizipation der Arbeitnehmer am Betriebsgeschehen, zur leistungsbezogenen Einkommenssteigerung, zur Erhöhung der Arbeitssicherheit und Humanisierung der Arbeit, zur Verbesserung der Wettbewerbsfähigkeit des Betriebes und damit zur Stärkung der Arbeitsplatzsicherheit für alle Belegschaftsmitglieder herausstellen. Das Hauptinteresse von BR an der BVW-Gestaltung dürfte einem fairen Anreizsystem und einer wirksamen Organisation gelten, die zu schnellen und ausgewogenen Entscheidungen führt. Keinesfalls darf nach ihrer Ansicht das BVW selbst zum „Kollegen-Wegrationalisierungsinstrument" entarten. Wo sie konkrete *Schwachstellen* beklagen, können wir der nachstehenden Übersicht (Tabelle 13) entnehmen, in der auch die Befragungsergebnisse der IG-Metall aus dem Jahre 1967 enthalten sind.

Die Analyse dieser beiden Schwachstellenkataloge ergibt, dass die bei der jüngeren Erhebung angeführten Kritikpunkte sicherlich sehr ernst zu nehmen sind, sie im Vergleich zu 1967 allerdings Tatbestände ansprechen, die nicht ausgesprochen Existenz gefährdend für ein BVW sind. So ist 1967 vom „Widerstand der unteren und mittleren Vorgesetzten" die Rede, während anderthalb Jahrzehnte später nur von „mangelnder Unterstützung der unmittelbaren Vorgesetzten" gesprochen wird. Mangelndes Interesse des TM am BVW hatte bei unserer Erhebung, wie bereits erwähnt, kein BR beklagt. Die 1967 noch klar gerügten Verstöße gegen die Gleichheits- und Gerechtigkeitsgrundsätze (vgl. die Beschwerden Nr. 2, 7 und 8) dürften zwischenzeitlich durch die BVW-Betriebsvereinbarungen abgestellt worden sein. Das Begutachtungs- und Prämierungssystem steht heute im Vordergrund der Kritik. Mit der 1982 an 6. Stelle genannten Schwachstelle wird indirekt auch der BVW-Beauftragte angesprochen, der nun als nächster BVW-Aufgabenträger behandelt wird.

Dem Verfasser sind keine Studien über die Einstellung von Betriebskommissionen (mit schwächeren Mitbestimmungsrechten als deutsche und österreichische BR) in schweizerischen Unternehmungen bekannt. Hier kann noch eine Forschungslücke geschlossen werden.

Tab. 13: Kritik der Betriebsräte am BVW – Ein Vergleich zweier Umfragen

Typische Schwachstellen im BVW aus BR-Sicht (nach Häufigkeit geordnet)	
Scholz/Fuhrmann (1967, S. 52)	Büsch/Thom (1982, S. 168)
1. Mangelndes Interesse des Top-Managements am BVW	1. Zu lange Begutachtungszeiten
2. Keine einheitlichen Verfahrens- und Vergütungsnormen	2. Überlastung und mangelnde Qualifikation der Gutachter
3. Fehlende Einspruchsmöglichkeit der Belegschaftsmitglieder	3. Generelle Prämienpolitik
4. Widerstand der unteren und mittleren Vorgesetzten	4. Zu niedrige Prämien
5. Unzureichende Vergütung	5. Mangelnde Unterstützung der unmittelbaren Vorgesetzten
6. Ausschluss bestimmter Arbeitnehmergruppen vom BVW	6. Bearbeitungsdauer der VV zu lange
7. Schlechte Erfahrungen mit der Handhabung des BVW in Einzelfällen	7. Abgrenzungsprobleme bei VV bezüglich des Aufgabenbereichs
8. Sorge um nachteilige Auswirkungen von VV auf die Akkordvorgaben	> in 13 % der Fälle wurde entweder ausdrücklich darauf hingewiesen, dass alles in Ordnung sei, oder es fehlte eine Schwachstellennennung.
9. Unbeholfenheit in der Ausdrucksweise	

4.5.2.4 Der BVW-Beauftragte

Der BVW-Aufgabenträger mit dem normalerweise höchsten zeitlichen Engagement ist der sog. *BVW-Beauftragte*. Diese Aussage trifft insbesondere dann zu, wenn nicht vom sog. Vorgesetztenmodell ausgegangen wird. Eine einschlägige DIB-Umfrage (ausgewertet von Huyer-May 1982: 188 ff.) bei 122 Unternehmungen gelangte u. a. zu folgendem Resultat:

- In jeweils der Hälfte aller Fälle war der BVW-Beauftragte entweder hauptamtlich oder nebenamtlich tätig. Nur ein Drittel widmete lediglich bis zu 25 % seiner Arbeitszeit dem BVW.

Auch wenn in der Praxis oft der Versuch unternommen wird, einen Richtwert zu ermitteln, der das Verhältnis zwischen hauptamtlich angestellten BVW-Beauftragten und der Anzahl der eingereichten VV pro Jahr regelt, so dürfte sich dieser Versuch bei näherer Betrachtung als problematisch herausstellen. Zum einen ist die Bearbeitungsintensität eines VV höchst unterschiedlich, zum anderen verursacht die bloße Existenz eines hauptamtlichen BVW-Beauftragten und die damit ermöglichte Betreuungsintensität möglicherweise einen Anstieg bzw. eine Qualitätsverbesserung der VV.

Auch konnte durch organisationswissenschaftliche Studien nicht geklärt werden, ab welcher Beschäftigtenzahl (evtl. differenziert nach der Belegschaftszusammensetzung) die ökonomische Rechtfertigung dafür vorliegt, einen Mitarbeiter ausschließlich als BVW-Beauftragten zu beschäftigen. Entscheidend ist meines Erachtens letztlich jedoch nicht die Belegschaftsgröße, sondern die Zahl der eingereichten VV, die ihrerseits wiederum von der Kapazität der BVW-Beauftragtenstelle abhängen kann (z. B. Werbemaßnahmen). Höckel (1972: 66) konstatierte lapidar: „In einem Unternehmen, das 300 bis 500 VV im Jahr erwartet, ist ein hauptamtlicher BVW-Beauftragter voll beschäftigt und daher für die Aufgabe freizustellen." Görter (1975: 173) ging in seiner Dissertation davon aus, dass ein BVW-Sachbearbeiter maximal 400 VV pro Jahr bearbeiten könne. Die Bearbeitungskapazität hängt auch nicht unerheblich von der EDV-Ausstattung des Beauftragten und von der durchschnittlichen

Problemhaltigkeit der VV ab. Weniger analytisch, aber wieder einmal sehr plastisch ist Höckels (1964: 87) Aussage: „Es ist nicht schlimm, wenn der Beauftragte für das BVW nur mit der Hälfte seiner Zeit zur Verfügung steht; schlimm ist es nur, wenn er mit dem halben Herzen dabei ist." Das „Herz" muß allerdings eine ausreichende Größe haben, wenn von ihm kräftige Pulsschläge (Impulse) für den permanenten betrieblichen Ideenwettbewerb ausgehen sollen. Zu den Hauptaufgaben des BVW-Beauftragten gehören die Sammlung der VV und ihre Zuleitung zu weiteren Organen im Prüfungs-, Bewertungs- und Realisierungsprozess, ferner die Beratung der Ideenträger, Planung, Durchführung und Erfolgskontrolle der BVW-Werbung, Erstellung der BVW-Statistik, Überwachung der Einhaltung der BVW-Betriebsvereinbarung sowie aller gesetzlichen und tariflichen Bestimmungen, die das BVW berühren (vgl. Beispiele für Aufgaben-/Stellenbeschreibungen bei Spahl 1975: 71 f.; Brinkmann/Heidack 1982: 323 ff.; Brinkmann 1992: 96 ff.). Diese Aufgaben kann er nur dann wirkungsvoll erfüllen, wenn ihm umfassende Informationsrechte (z. B. Einsicht in alle VV-bezogenen Unterlagen), Beauftragungsrechte (z. B. zur Gutachtenanfertigung, Erprobung), unmittelbare Berichtsmöglichkeiten (in der Prüfungs- und Bewertungskommission, bei der Unternehmungsleitung, in der BVW-Einigungsstelle etc.) sowie Kontrollrechte (z. B. hinsichtlich der Durchführung von arbeitgeberseitig angenommenen VV) zugestanden werden. Für seine *fachliche und hierarchische Einordnung* in die betriebliche Organisationsstruktur empfiehlt sich die Beachtung der Prinzipien „Interessen-Neutralität", „Unabhängigkeit" sowie „optimale Distanz zu Einreichern und Annehmern von VV". Die jeweilige Einordnung hängt von der angestrebten Struktur (der fach- oder objektbezogenen Verteilung) der VV ab. Wie sieht es diesbezüglich in der deutschen und schweizerischen Wirtschaftspraxis aus?

- Die DIB-Umfrage (vgl. Huyer-May 1982: 188 ff.) ergab in den weitaus meisten Fällen eine organisatorische Zuordnung der BVW-Beauftragten zum *Personalbereich* (hauptamtliche Beauftragte: 59.7 %; nebenamtliche: 33.3 %; insgesamt: 46.7 %). Die Zuordnung zur *Fertigung* ist inzwischen deutlich in die Minderheit geraten (bei hauptamtlichen Beauftragten: 14.5 %; nebenamtliche: 20.0 %; insgesamt: 17.2 %), obgleich im industriellen Bereich auch heute noch die große Mehrheit aller VV technischer Artist und relativ viele BVW-Beauftragte aus den technischen Betriebsbereichen stammen. Häufiger findet sich nach der DIB-Umfrage derzeit die Zuordnung zur *„sonstigen Verwaltung"* (bei hauptamtlichen: 19.4 %; bei nebenamtlichen: 23.3 %; insgesamt: 21.3 %). In der Befragung von 80 schweizerischen Unternehmungen fand Vonlanthen (1995: 413) folgende funktionale Zuordnungen der BVW-Beauftragten: Dem *Personalbereich* gehören 29 % der Befragten an, 10 % der *Produktion/Technik*, 10 % der *Organisation* und 8 % kommen aus dem Funktionsbereich der Qualität/Sicherheit. Zusätzlich erfasste derselbe Autor (ebenda) die Grundausbildung der BVW-Beauftragten. Es ergab sich folgende Verteilung: 31 % der Antwortenden haben eine technische Grundausbildung, 30 % eine kaufmännische und 9 % der BVW-Beauftragten haben eine pädagogische Grundausbildung.

Bei der Auswertung der DIB-Erhebung wurden keinerlei Zusammenhangsanalysen vorgenommen. In unserer Spitzengruppen-Befragung konnten wir (Post/Thom 1980: 119) dagegen den fachlichen Zuordnungen die Beteiligungs- und Annahmequoten gegenüberstellen (vgl. Tabelle 14).

Die Daten aus Tabelle 14 dürfen wegen der geringen Fallzahl nicht überinterpretiert werden. Sie ermöglichen eine besser fundierte Hypothesenbildung für künftige, breiter angelegte Studien und eventuell einige Plausibilitätsüberlegungen für die BVW-Gestaltung etwa folgender Art: Die günstigste Annahmequote wird bei hierarchisch höchster und fachlich neutraler Zuordnung (also dem Vorstand allgemein) erreicht. Die Nähe zum stärksten Machtpromotor in der Unternehmung wirkt annahmeförderlich, zusätzlich begünstigt durch den Umstand, dass nur relativ wenige VV eingereicht werden, diese aber möglicherweise besser durchdacht sind (schon wegen der höheren Blamagefurcht des Einreichers „nach oben"). Die Zuordnung zum Personalbereich, die als Querschnittsfunktion glaubwürdig „Interessenneutralität" erwarten lässt, fördert die Beteiligungsquote im Allgemeinen sowie im Besonderen das vermehrte Einreichen von Humanisierungs-VV, die aber häufig eine weniger günstige und kaum

Tab. 14: Zusammenhang zwischen fachlicher Zuordnung der BVW-Einheit und Beteiligungs- bzw. Annahmequote in der „Spitzengruppen-Befragung"

Fachliche Zuordnung der BVW-Einheit (Stelle, Abteilung)	BVW-Effizienzkriterien	
	durchschnittl. Beteiligungsquote	durchschnittl. Annahmequote
Personalbereich	26.4 %	28.7 %
Technischer Bereich	22.6 %	42.2 %
Unternehmungsleitung (Vorstand) allgemein	14.1 %	66.4 %

kalkulierbare Kosten-Nutzen-Relation aufweisen, so dass die Annahmequote spürbar schlechter ausfällt als bei anderen fachlichen Zuordnungen der BVW-Stelle. Einen Entwicklungstrend in schweizerischen Unternehmen zeigt die von A. Bumann (1989) durchgeführte Erhebung auf. Hieraus ergibt sich eine tendenziell hohe Anordnung der Organisationseinheit BVW. Die höchstmögliche bleibt nach wie vor in der Minderheit. Im Einzelnen fand Bumann heraus, dass das BVW bei 54.2 % der befragten Unternehmungen ins Personalwesen eingegliedert ist. In 23.6 % bzw. 5.6 % der Fälle wird das BVW der Produktion bzw. der Administration zugeordnet. 1.4 % der Unternehmungen gaben an, dass der FuE-Bereich bei ihnen für das BVW verantwortlich zeichnet. Bei den restlichen 15.3 % der Betriebe wurden andere als die hier aufgezählten Bereiche genannt. Das BVW ist laut dieser Erhebung zumeist auf der 2. Führungsstufe angesiedelt (47.8 %). Auf der 1. bzw. 3. Führungsebene haben 21.7 % bzw. 27.5 % der Unternehmungen ihr BVW eingeordnet. Nur in 2.9 % der Fälle befindet sich das BVW auf der 4. Hierarchieebene. Aufgrund unserer Daten (Post/Thom 1980: 118) können wir der Ansicht von Gerlach (1981: 102; im Original nicht kursiv) zustimmen: *„Das häufig geforderte Maximum, das BVW als selbständige Organisationseinheit unmittelbar der Unternehmungsleitung* *zuzuordnen, muß nicht unbedingt auch das Optimum sein."* Höchste hierarchische Zuordnung kann die „Durchschlagskraft gegenüber der Hierarchie" verbessern, gleichzeitig aber auch die „Schwellenängste bei den Mitarbeitern" erhöhen.

- In 55.7 % der Fälle war der DIB-Umfrage zufolge das BVW als *„Stabsaufgabe"* organisiert; in drei von zehn Unternehmungen sprach man von einer *„Linienaufgabe";* der Rest konnte sich in diese – nicht unproblematische – Zweiteilung aller Stellenarten nicht einordnen.

Vom Aufgabenprofil her müsste man diese Stelle eher dem *Stabsbereich* zuordnen. Bisweilen entsteht in großen Konzernen eine mehrstufige, räumlich dezentralisierte Stabsstellenhierarchie (bis hin zu Vorschlagskontaktleuten in Werken etc.). Diese fachlichen Beziehungen verbunden mit dem Ist-Zustand, dass in der DIB-Stichprobe immerhin 12.3 % der BVW-Beauftragten unmittelbare Vorgesetzte von 6–10 Mitarbeitern (weitere 57 % von 1–5 Mitarbeitern) waren, mögen vielfach die Selbstzuordnung in die Kategorie „Linienaufgabe" beeinflusst haben, obgleich es sich streng genommen nur um eine Weisungsbefugnis innerhalb einer Stabsabteilung handelt. In praxi ist es im übrigen sehr unterschiedlich geregelt, ob der BVW-Beauftragte in der Prüfungs- und Bewertungskommission volles Stimmrecht, vielleicht sogar den Vorsitz oder nur eine beratende Funktion erhält. Auch die Regelung, dass der Beauftragte zwar der Kommission vorsitzt, selbst aber kein Stimmrecht hat, ist anzutreffen. Je mehr er – nach seiner Stellenaufgabe oder seinem Selbstverständnis – die Rolle eines „Ideenanwalts" übernimmt, umso weniger eignet er sich gleichzeitig zum „Richter". Die DIB-Erhebung gibt uns einige weitere Einblicke in die *Kompetenzen* des BVW-Beauftragten:

- Mehr als die Hälfte der befragten BVW-Beauftragten (54.9 %) stufte die eigenen Möglichkeiten der Einflussnahme auf die *BVW-Betriebsvereinbarungen* als „wesentlich" ein. 30.3 % entschieden sich für die Ausprägung „mittel". Am höchsten waren von den Auskunftgebenden ihre Einflussmöglichkeiten bei *organisatorischen Regelungen* im BVW-

System eingeschätzt worden: 88.5 % bezeichneten hier ihren Einfluss als „wesentlich". Bezüglich des Etats für *Werbung und Sondermaßnahmen* erklärten 60.7 % ihre Zuständigkeit.

Zu den *persönlichen Anforderungen* an den BVW-Beauftragten ist in der Fachliteratur viel geschrieben worden (vgl. Reißinger 1982 und Brinkmann 1992: 95). Bei der bloßen Auflistung von wünschenswerten (Charakter-) Eigenschaften läuft man immer Gefahr, am Ende das Idealbild eines „homo proponens" konstruiert zu haben, welches dann so überhöht ist, dass es kaum noch Ähnlichkeit mit den in der Realität vorzufindenden BVW-Beauftragten hat. Halten wir uns zunächst an ein paar Fakten:

- Die genannte DIB-Umfrage belegte leider erneut den sehr geringen Frauenanteil (2.5 %). Beim Lebensalter lag der Schwerpunkt zwischen 36 und 55 Jahren (36–45: 35.2 %; 46–55: 37.7 %). Mehr als die Hälfte der Beauftragten konnte bereits einen Hochschulabschluss vorweisen (Fachhochschule: 38.5 %; Universität: 15.6 %). Meist verfügten die BVW-Beauftragten über eine langjährige Betriebserfahrung (mehr als 10 Beschäftigungsjahre in der Unternehmung: 76.2 %; davon über 20 Jahre: 46.7 %).

Mit diesen Angaben aus der DIB-Statistik haben wir zugleich Grundlagen für die Formulierung typischer *Anforderungen* an den BVW-Beauftragten erhalten. *Grundvoraussetzungen* dürften im Allgemeinen eine *qualifizierte Ausbildung* und *mehrjährige Betriebserfahrung* sein. Durch letztere erwirbt man sich eine genaue Kenntnis der Betriebsorganisation und der Mitarbeiter im Betrieb, die über spezielles Fachwissen verfügen und daher auch als Gutachter für VV mitwirken können. Eine Fehlvorstellung liegt darin zu glauben, der BVW-Beauftragte müsse selbst alles wissen; aber er muss wissen, wer im jeweiligen Betrieb was weiß oder wissen könnte. Die besonderen Kompetenzen im Bereich der Organisation des BVW stellen *Anforderungen an seine organisatorischen Kenntnisse und sein Organisationsgeschick*. Seine Einflussmöglichkeiten bei der Aushandlung von BVW-Betriebsvereinbarungen kann der Beauftragte nur dann voll ausschöpfen, wenn er über Verhandlungsfähigkeiten verfügt. Die

Zuständigkeit hinsichtlich des Etats für Werbung und Sonderaktionen verlangt nach einem BVW-Beauftragten, bei dem Einfallsreichtum, Initiative und Akquisitionsgeschick gegeben sind oder zumindest schnell entwickelt werden können. Überzeugungskraft bei möglichen VV-Einreichern setzt Vertrauenswürdigkeit voraus. Letztlich sollte der BVW-Beauftragte das Vertrauen der Unternehmungsleitung, des BR und der Belegschaft gleichermaßen genießen. Dies bedeutet, dass er sich im Rahmen des Unternehmungsinteresses auch soweit wie möglich für die Interessen der VV-Einreicher einsetzt, auch wenn seine Funktion nicht als Belegschaftsvertretung gegenüber der Unternehmungsleitung zu verstehen ist und der BR bei der Bestellung des BVW-Beauftragten auch kein Mitbestimmungsrecht hat (so der Beschluss des Bundesarbeitsgerichtes vom 16. 3. 1982 – 1 ABR 63/80). Zu den Anforderungen an den BVW-Beauftragten gehören weiterhin der *Blick für praktische Umsetzungsmöglichkeiten von VV sowie Hartnäckigkeit beim Auffordern zur Realisierung der vom Arbeitgeber angenommenen VV*. Bezüglich der mehr fachlichen Anforderungen an den BVW-Beauftragten hat sich die Situation nicht zuletzt dadurch verbessert, dass das Arbeitsamt Frankfurt a. M. die berufsbezogenen Qualifizierungsmaßnahmen beim DIB inzwischen anerkannt hat (vgl. Reißinger 1981). Der Arbeitskreis „Betriebliches Vorschlagswesen" in der Deutschen Aktionsgemeinschaft Bildung-Erfindung-Innovation e. V. (DABEI) begann 1984 mit der Erarbeitung einer Konzeption zur Ausbildung von Vorschlags- und Erfindungsberatern in Zusammenarbeit mit Industrie- und Handelskammern sowie ausgewählten Unternehmungen (vgl. Brinkmann/Danner/Heidack/Thom 1986: 12). Diese Professionalisierungsbemühungen sind zu begrüßen, dienen sie doch dem besseren Funktionieren der gesamten Institution BVW und auch der persönlichen Entwicklung von Trägern dieser zentralen Aufgabe im BVW-System. Eine solche Entwicklung dürfte auch ganz im Sinne von Höckel liegen, der in einem posthum (1977: 4; im Original nicht kursiv gedruckt) veröffentlichten Aufsatz postuliert: *„Das Vorschlagswesen ist allerdings kein Betätigungsfeld für vorzeitig verbrauchte Führungskräfte oder für Angestellte, die sonst keine andere Abteilung haben will. Das BVW ist kein Abstellgleis, sondern ein Sprungbrett."*

Im „Vorgesetztenmodell" gibt es keinen BVW-Beauftragten im klassischen Sinne. Hier wird jedoch eine Koordinationsfunktion benötigt, um das Konzept des BVW und seine laufenden Ergebnisse günstig zu beeinflussen. Für den Inhaber dieser Koordinationsfunktion erscheinen insbesondere folgende persönliche Anforderungen von Bedeutung: Fähigkeit zur laufenden Überwachung (Controlling) der Funktionsfähigkeit und zu Anstößen für die Weiterentwicklung des Gesamtkonzeptes. Weiterhin ist es erforderlich das Vertrauen von Vorgesetzten und Einreichern zu haben, falls es einer Vermittlung bedarf. Schließlich benötigt ein Koordinator die persönliche Akzeptanz bei übergeordneten Managementebenen (z. B. Betriebs- oder Werksleitung).

4.5.2.5 Der Fachgutachter

Wenn der BVW-Beauftragte geprüft hat, welche Stelle vom Problem des VV im Betrieb betroffen ist und welche Stelle fachliche und formale Kompetenzen trägt, ist zugleich der Kreis möglicher *Fachgutachter* eingeengt. Der BVW-Beauftragte kann grundsätzlich jede Stelle, die ihm in der Lage zu sein scheint, ein fachlich kompetentes Urteil über einen VV zu formulieren, mit der Anfertigung eines Gutachtens nach festgelegten Beurteilungskriterien beauftragen. Wir können uns an dieser Stelle kurz fassen, da von Gutachtern schon mehrfach die Rede war. Einstellung (helfend, einfühlend oder restriktiv etc.) und Arbeitsweise (objektiv, die relative Gerechtigkeit behaltend, termintreu etc.) dieser Gutachter werden neben dem Wirken der Prüfungs- und Bewertungskommission einen entscheidenden Einfluss auf die Bearbeitungsdauer sowie die Annahmequote und damit letztlich auch auf die Beteiligungsquote haben.

Auf verschiedenen Seminaren mit BVW-Experten, die der Verfasser in den letzten Jahrzehnten in Deutschland und Österreich durchführte, wurde deshalb immer stärker die Meinung vertreten, dass man sich mit der Begründung einer Ablehnung aus psychologischen Gründen besonders viel Mühe machen sollte (vgl. IBM Deutschland 1990). In verschiedenen Einzelfallstudien wurde zudem von Mitarbeiterseite aus kritisiert, dass sich die Bearbeitung und damit die Realisierung der VV zu lange hinauszögerten (vgl. Antoni 1990: 104; Staar

1989: 152). So fand Etienne (1995: 74 ff.) in ihrer Belegschaftsbefragung u. a. folgende Kritikpunkte: In einer der befragten Abteilungen beschwerten sich knapp 40 % der Befragten über die ungenügende Begründung der Ablehnung des VV von Seiten der Vorgesetzten und Gutachter. Weitere 37 % waren der Meinung, die Behandlung und Beurteilung der VV sei ungerecht. Dagegen wurde die Bearbeitungszeit für VV lediglich von 22 % der Antwortenden als zu lang empfunden. Aus diesen Ergebnissen lässt sich schließen, dass auf die Motivation der begutachtenden Personen (Vorgesetzte oder Spezialisten) besonders geachtet werden muss.

4.5.2.6 Die Prüfungs- und Bewertungskommission

Die bereits erwähnte *Prüfungs- und Bewertungskommission* überprüft das/die Gutachten, kontrolliert die Abgrenzung des VV zu den eindeutigen Stellenaufgaben des VV-Einreichers, beschließt die Annahme oder Ablehnung eines VV und setzt die dem Wert des VV entsprechende Prämie fest. Für die steuerliche Begünstigung der Prämierten war es nach der erwähnten deutschen Verordnung vom 18. 2. 1957 unbedingt erforderlich, in Betrieben und Dienststellen mit mehr als 20 Arbeitnehmern mindestens zwei Arbeitnehmer in diesem BVW-Organ mit Sitz und Stimme zu haben. Die Tendenz geht – zumindest in einigen Branchen wie z. B. der Montan- und metallverarbeitenden Industrie – dahin, diese Kommission paritätisch mit Vertretern des Arbeitgebers und des BR zu besetzen. Diesen Eindruck vermittelte uns auch die BVW-Fachtagung im Rahmen der Arbeitsgemeinschaft für Rationalisierung des Landes Nordrhein-Westfalen (vgl. Grochla/Brinkmann/Thom 1978: 105 f.). Dagegen stellte Hering (1977: 15) fest: „In der Mehrzahl der Betriebe ist jedoch zur Zeit noch der Zustand vorhanden, daß die Kommissionen nicht paritätisch besetzt sind [...]" Zugleich konstatiert er, die Praxis sähe meist so aus, dass die Direktion oder Werksleitung die Arbeitgebervertreter in dieser Kommission auswähle und sie die Bestimmung der Arbeitnehmervertreter dem Betriebsrat überlasse. Es gehört zu den wichtigsten Aufgaben dieses Gremiums zu erkennen, wann der unzulässige Versuch unternommen wird, mit Hilfe des BVW Änderungen durchzusetzen, über die andere Organe (z. B. Vorstand, Aufsichtsrat, Tarifvertragsparteien) zu beschließen haben (vgl. Nowak 1977: 102 f.). Dennoch ist der Auffassung Hagenmüllers (1980: 10) zuzustimmen, dass diese Kommission „unternehmerisch" denken und handeln müsse. Um jedoch juristisch eindeutig zu bleiben, sollte bei Verwendung dieses Eigenschaftswortes auch gesagt werden, dass es der freien Entscheidung des *Arbeitgebers* unterliegt, ob er VV *annimmt* oder *verwertet*. Ob aufgrund von VV beispielsweise eine Verwaltungsprozedur, ein Fertigungsverfahren oder sonstige Leistungserstellungs- und Leistungsverwertungsprozesse geändert werden sollen, ist eine *unternehmerische Entscheidung*. Diese ist grundsätzlich frei. (Siehe zu diesen juristischen Aussagen den Beschluss des Bundesarbeitsgerichtes vom 16. 3. 1982 – 1 ABR 63/80, abgedruckt in: Der Betrieb, Heft 28 vom 16. 7. 1982, S. 1470.) Dennoch kann im Regelfall der betrieblichen Praxis davon ausgegangen werden, dass die Beschlüsse der Prüfungs- und Bewertungskommission vom Arbeitgeber angenommen werden. Würde es hier auf Dauer zu großen Unterschieden zwischen Kommissionsempfehlung und Arbeitgeberentscheidung kommen, verlöre das BVW in den Augen der Belegschaft sicherlich seine Glaubwürdigkeit und Attraktivität.

4.5.2.7 Die Rekursstelle

Die Entscheidungen der Prüfungs- und Bewertungskommission werden von den VV-Einreichern nicht immer widerspruchslos akzeptiert. Um das Vertrauensverhältnis zu erhalten, erscheint es angebracht, eine sorgfältige Prüfung der vorgebrachten Beschwerden/Einsprüche möglichst schnell vorzunehmen. Dieses kann erneut in der zuvor beschriebenen Kommission geschehen oder in einem speziellen Berufungsausschuss *(BVW-Einigungsstelle resp. Einspruchsstelle)*. Hier ist der endgültige Beschluss zu fassen, genauer gesagt: der Unternehmungsleitung ist ein Entscheidungsvorschlag zu unterbreiten. Tritschler (1981: 1148) empfiehlt: „Den gesonderten Einspruchsstellen sollte nicht derselbe Personenkreis angehören, wie der BVW-Kommission." Dies wird jedoch nur in größeren Unternehmungen üblich sein, die nicht so schnell an ihre „Personaldecke" stoßen. Ein gut funktionierendes BVW wird diese Einspruchsstelle nur sehr selten in Anspruch nehmen. Erinnern wir uns aber daran (Tabelle 13, S. 89), dass seitens der BR im Jahre 1967 die dritthäufigste Kritik am BVW lautete: „fehlende Einspruchsmöglichkeiten der Belegschaftsmitglieder".

Die bisherigen Ausführungen zur Organisation des BVW könnten bei dem einen oder anderen Leser den Eindruck hervorgerufen haben, dies alles sei sehr kompliziert und aufwändig. So hatten sich beispielsweise auch Geschäftsführer der von Lüders (1981) befragten Mittelbetriebe ohne institutionalisiertes BVW geäußert. Auf die Frage: „Mit der Abwicklung des BVW ergibt sich ein zusätzlicher Arbeits- und Zeitaufwand (Information der Belegschaft, Formularwesen, Gutachtenerstellung etc.). Wie schätzen Sie diesen Aufwand für Ihre Organisation ein?" antworteten nur 11.9 % mit „gering", aber 45.2 % mit „mittel" und 42.9 % mit „hoch". In kleineren Betrieben (bis 99 Mitarbeiter) schätzen bis zu 75 % (Gießereiindustrie) den Aufwand als „hoch" ein (vgl. Lüders 1981: 44 f.). Und auch auf die Frage „Glauben sie, dass die Einführung des BVW in Ihrem Betrieb organisatorische Schwierigkeiten auslösen könnte?" antworteten immerhin 39.5 % mit „ja", in der Gießereiindustrie sogar 58.3 %. Erneut scheinen die Probleme mit abnehmender Belegschaftsgröße zu wachsen. Daher ist es begrüßenswert, dass das Wirtschaftsmagazin „Impulse" (1982, Heft 6, S. 72 ff.) einmal Beispiele für einfache Organisationskonzepte darstellte. Von einem kleinen (50 Mann starken) deutschen Hammerwerk mit Maschinenfabrik wird dort berichtet: „Dabei wurde ein BVW-Ausschuss gegründet, der aus drei Personen besteht: einem Vertreter der Geschäftsleitung, einem Techniker und dem Betriebsratsvorsitzenden. Seine Hauptaufgabe ist die Prüfung aller eingehenden Verbesserungsvorschläge und die Festlegung der Prämienhöhen." Der Juniorchef dieses Kleinbetriebes äußerte sich dahingehend, dass man schon im ersten Jahr „gute Ergebnisse" mit dem BVW erzielt habe. Dies ist ein Beispiel für eine *auf den Kern reduzierte BVW-Organisation*. Es macht zugleich anschaulich, dass jede BVW-Organisation auf die im Einzelfall *gegebene betriebliche Situation* (Größe, Branche, vorhandene Betriebsorganisation, erwartete BVW-Effizienz, z. B. Beteiligungsquote) zuzuschneiden ist. Das angeführte (und von „Impulse" namentlich genannte) Beispiel zeigt auch, dass die Personalausstattung des BVW der Betriebsgröße entsprechend auf eine Mindestgröße begrenzt werden kann. Hier liegt nämlich für viele Betriebe, die dem BVW-Gedanken noch aufgeschlossen werden könnten, eine Einführungsbarriere. Auf die Frage: „Die Einführung des BVW ist oft mit einem größeren Personalaufwand verbunden (Bestellung eines BVW-Beauftragten, Entsendung von Mitarbeitern in die BVW-Kommission etc.). Inwieweit könnte dieser Sachverhalt auf Ihre Entscheidung, das BVW nicht einzuführen, Einfluß haben?" antworteten fast drei Viertel (73.8 %) der Geschäftsführer mittelgroßer Industriebetriebe, sie hielten diesen Einfluss für „wesentlich"; bei den Betrieben bis zu 99 Beschäftigten waren es alle Antworter (Lüders 1981: 46). Von den 18 Mittelbetrieben dieser Branchen mit vergleichbarer Belegschaftsgröße, die bereits ein BVW institutionalisiert hatten, gaben nur 10 an, einen BVW-Beauftragten bestellt zu haben, dagegen verfügten nahezu alle (16) über eine BVW-Kommission (vgl. Lüders 1981: 68). Die Praxis weiß sich zu helfen, wenn sie nur das BVW als Grundkonzept will. Und dieser *Flexibilität* sowie *Situationsgerechtigkeit der BVW-Organisation* soll hier auch das Wort geredet werden. Vielleicht ist es für Skeptiker hinsichtlich des erforderlichen Arbeitsaufwandes noch von Belang zu erfahren, dass die Deutsche Gesellschaft für Personalführung (DGfP) in einer 1977 bei 29 Unternehmungen durchgeführten BVW-Studie die durchschnittliche Tagungsdauer der Bewertungskommission mit 42 Arbeitsstunden pro Jahr errechnete (zitiert bei Brinkmann/Heidack 1982: 171). Diese Arbeitswoche der Kommissionsmitglieder kann eine gute Investition sein. Aus den genannten Einführungsbarrieren können wir aber auch lernen, dass die *BVW-Organisation überschaubar* bleiben muss. Jedem Mitarbeiter sollten die wichtigsten Ablaufschritte (Abgabe, Prüfung, Bewertung, Honorierung bzw. Anerkennung) bekannt sein. In der von uns befragten Belegschaft konnten nur 40 % der Angestellten und 74 % der gewerblichen Mitarbeiter diese vier simplen Schritte nennen (vgl. Losse/Thom 1977: 96). Dies zeigt, wie wichtig es ist, einfache Ablaufübersichten in der Belegschaft bekannt zu machen, denn mit der Durchschaubarkeit und Einsichtigkeit wächst zugleich das Vertrauen und Willensbarrieren können abgebaut werden. In Anlehnung an Hering (1977: 14) sei mit Abbildung 4 eine solche schematische Darstellung der Vorschlagsbearbeitung gezeigt, die möglichst von allen BVW-Teilnahmeberechtigten verstanden werden kann.

Abb. 4: Einfache Darstellung der BVW-Organisation für die Belegschaftsinformation

Ablaufschritte	1	2	3	4	5
Wer tut was?	Einreicher	BVW-Beauftragter	Gutachter	BVW-Kommission	Einreicher
Was tut er?	erarbeitet	überlegt, verfolgt weiteren Ablauf	erstellt	berät / bewertet	erhält
Was ist das Ergebnis?	Verbesserungsvorschlag	Weiterleitung	Gutachten	Entscheidung	Prämie / Anerkennung / Begründung

Ablauf- und aufbauorganisatorische Aspekte sind zwei Seiten einer einzigen Medaille. Die wichtigsten *Aktionen der am BVW beteiligten Personen/Organe* sollen mit Abbildung 5 zusammenfassend dargestellt werden. Übersichtlichkeit geht dabei vor Vollständigkeit. Es handelt sich also um ein Grundmodell, das der betrieblichen Situation anzupassen (auszubauen oder zu reduzieren) ist. Führungskräfte sollten erkennen, dass es bezüglich der Gestaltung der BVW-Organisation große Spielräume (vgl. z. B. die Variante in Abbildung 6) gibt. Die Zahl der Restriktionen (z. B. rechtlicher Art) ist sehr gering. Gestaltungswille und -geschick sind gefragt.

4.5.3 Formale und informale Gruppen im Betrieblichen Vorschlagswesen

In der Bundesrepublik Deutschland, in Österreich und in der Schweiz werden die meisten Verbesserungsvorschläge (VV) noch immer von *Einzelpersonen* eingereicht, nur ein geringer Anteil entfällt auf sog. *Einreichergemeinschaften*.

Eine erste relativ breit abgestützte Erhebung der Deutschen Gesellschaft für Personalführung (DGfP) e. V., Düsseldorf, hat ergeben (vgl. Brinkmann 1979: 11; Böhme/Brinkmann 1980: 254), dass in 29 *deutschen* Unternehmungen in sieben Jahren (1970 bis 1976) von insgesamt 91'383 Verbesserungsvorschlägen 10'185 oder 11.15 % von *Einreichergemeinschaften* stammen. Eine ähnliche Statistik liegt auch aus *Österreich* vor (vgl. Böhme/Brinkmann 1980: 254): Eine Sondererhebung der Österreichischen Arbeitsgemeinschaft Vorschlagswesen im Österreichischen Produktivitäts- und Wirtschaftlichkeits-Zentrum, Wien, vom Sommer 1979 führte zu dem Ergebnis, dass bei 29 österreichischen Unternehmungen in neun Jahren (1970 bis 1978) von insgesamt 46'090 eingereichten Verbesserungsvorschlägen 8.1 % *Gruppen- bzw. Teamvorschläge* waren. Generell ließ sich in den 80er Jahren jedoch, ihrer positiven Auswirkungen wegen, eine stärkere Verbreitung der Teamkonzepte feststellen (vgl. Antoni/Bungard/Kübler 1990; Antoni 1990). Es darf erwartet werden, dass mit dieser Entwicklung auch die Bedeutung von Gruppenvorschlägen zunehmen wird, insbesondere wenn es den Unternehmungen gelingt, Teamwork-Konzepte

Abb. 5: Grundmodell einer BVW-Organisation

Personen/Organe	Wichtigste Aktionen
Geschäftsführung (als Arbeitgeber) und Betriebsrat	BVW-Betriebsvereinbarungen aushandeln und überprüfen
BVW-Beauftragter	für das BVW werben und Sonderaktionen durchführen
Einreicher	VV erarbeiten und einreichen
BVW-Beauftragter	VV registrieren, auf Neuheit prüfen, Gutachter auswählen
Fachgutachter	VV auf Zweckmässigkeit, Wirtschaftlichkeit prüfen, erproben, Schutzfähigkeit prüfen etc.
BVW-Beauftragter	Ergebnisse auswerten, Prüfung vor Ort, Bewertungsvorschlag erarbeiten
BVW-Kommission (inkl. Berufungsausschuss; personell ggf. anders besetzt)	Prüft Vorlagen, fasst Beschluss über Annahme, Art und Höhe der Prämie, behandelt ggf. Einspruch (als Einspruchstelle)
BVW-Beauftragter	weist Prämie an, erstellt Informationen für Personalakte, erstellt Statistiken, veranlasst Öffentlichkeitsarbeit
Geschäftsführung (ggf. höhere Führungskräfte)	Entscheidet über Annahme und Verwertung, spricht Anerkennung aus, überprüft Entwicklung des BVW, regt Weiterentwicklung an

Eingang bestätigen

Zwischenbescheid

Beschluss

Abschlussbescheid/ Ehrung

Abb. 6: Grundmodell der BVW-Bearbeitung (Quelle: Schaad 1978)

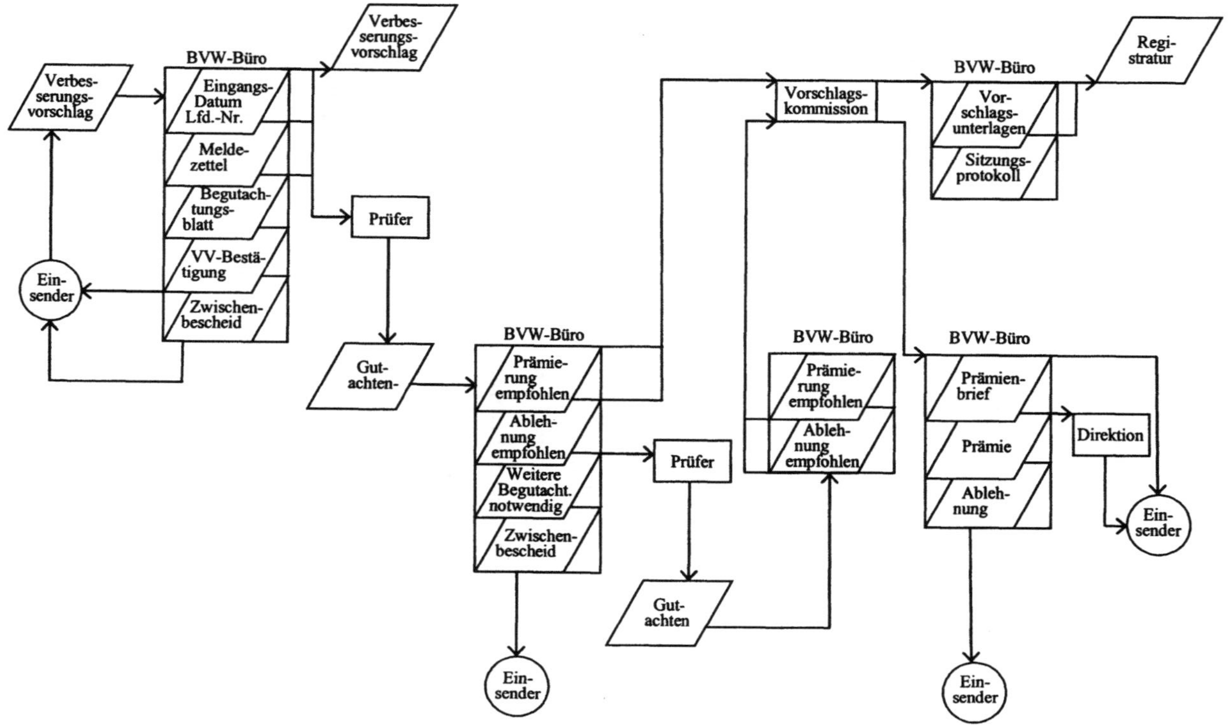

besser in traditionelle Organisationsstrukturen und Arbeitsabläufe zu integrieren (vgl. Antoni 1990).

Nach einer Umfrage des Organisationsseminars der Universität zu Köln waren im Bezugsjahr 1977 nur 4'224 von 102'735 Verbesserungsvorschlägen – also 4.1 % – als Gruppenvorschläge bezeichnet worden (vgl. Post/Thom 1980: 115). Auch in einer anderen Kölner Stichprobe (Büsch/Thom 1982) konnten wir uns von der *großen Bedeutung des Einzeleinreichers* im Vorschlagswesen überzeugen. Ob in Zukunft mehr Teamvorschläge zu erwarten sind und diese die Einzelvorschläge verdrängen werden, ist fraglich. Eine Überbewertung der Teamvorschläge ist nicht am Platze. Auch muss – wie es Böhme und Brinkmann in ihrem Beitrag (1980: 254; vgl. dazu auch Bumann 1991: 252 f.) formuliert haben – „vor einer gewissen 'Gruppeneuphorie' im Vorschlagswesen gewarnt werden". Sollte hingegen der Führungsstil kooperativ ausgerichtet sein, die Unternehmungsorganisation Teamarbeit vorsehen und die Teamfähigkeit der Mitarbeiter einen hohen Stand erreicht haben, ist die Förderung eines nach gruppenpsychologischen Grundsätzen arbeitenden Vorschlagssystems erfolgversprechend. Dass bei sachgerechter Handhabung von Gruppenvorschlagssystemen durchaus bemerkenswerte Erfolge erzielt werden können, lässt sich beispielsweise aus der Studie von E. Kanly (1989) ableiten.

Da die Beteiligungsquote noch keinen Aufschluss darüber gibt, von wie vielen Personen einzelne Verbesserungsvorschläge eingereicht wurden, zogen wir (Büsch/Thom 1982) zur Untersuchung des vorliegenden Datenmaterials eine weitere *Kennziffer* heran, die wir „*Einreicherdichte* (ED)" nannten. Es handelt sich hier um das Verhältnis:

$$ED = \frac{\text{Anzahl der VV-Einreicher}}{\text{Anzahl der eingereichten VV}}$$

Die Einreicherdichte lässt sich wie folgt interpretieren:

- Je größer die Einreicherdichte, umso höher ist die Zahl der Belegschaftsmitglieder, die VV eingereicht haben;

- je kleiner die Einreicherdichte, umso mehr eingereichte VV entfallen auf einzelne Mehrfach-Einreicher;

- erreicht diese Dichte einen Wert größer 1, so heißt dies, dass Gruppenvorschläge im betreffenden BVW tendenziell stärkere Bedeutung haben.

Mit Hilfe dieser Kennzahl konnten wir nun an dem uns zur Verfügung stehenden Zahlenmaterial aus 96 Unternehmungen folgende Fragen prüfen: Ist eine hohe (überdurchschnittliche) Beteiligungsquote das Ergebnis einer relativ geringen Vorschlagsaktivität vieler Mitarbeiter oder entsteht sie aus einer vergleichsweise hohen Vorschlagsaktivität weniger Mitarbeiter? Wir nahmen für die Werte der Beteiligungsquote und der Einreicherdichte Klassenbildungen mit je drei gleich besetzten Ausprägungen (gut, mittel, schlecht) vor und konnten dann folgenden hoch signifikanten Zusammenhang ($p < 0.0001$) ermitteln:

Je niedriger die Einreicherdichte, umso höher war die Beteiligungsquote

(vgl. hierzu auch das Punkte- oder Korrelationsdiagramm in Büsch/Thom 1982: 181).

Mit anderen Worten können wir folgendes Fazit ziehen: Eine hohe Beteiligungsquote entstand bei den untersuchten Industriebetrieben nicht durch einen hohen Anteil an Mitarbeitern mit begrenztem BVW-Engagement (Kreativität), sondern sie ist vielmehr das Resultat aus einem relativ kleinen Anteil von Mitarbeitern mit hoher VV-Einreichhäufigkeit (Kreativität). Einen ähnlichen Befund (Häufung von Mehrfacheinreichern) enthält auch die wiederholt erwähnte Fallstudie von Etienne (1995: 88).

Solche Daten beschreiben einen punktuellen **Ist**-Zustand und sagen noch nichts darüber aus, ob es anders werden könnte, wenn andere Voraussetzungen gegeben wären. Bei den hier ausgewerteten Gruppen-VV handelt es sich um die Sonderleistung von Gruppen, die sich *spontan* und *informell* gebildet haben (sog. Einreichergemeinschaften). Sie werden nicht offiziell organisiert und sie erhalten auch keine Hilfestellung seitens der Unternehmung, etwa durch Trainingsmaßnahmen. Sie sind lediglich aufgrund des Wortlautes der BVW-Betriebsvereinbarungen als Einreichergruppe zugelassen. Demgegenüber wird nach der Grundlagenarbeit von Krafft (1966) und der Forderung von Höckel (1973) in jüngerer Zeit zur Verbesserung der BVW-Effizienz sowie des gesamten Betriebsklimas ein *organisiertes* Gruppenvorschlagswesen befürwortet (vgl. Brinkmann 1976; Böhme/Brinkmann 1980: 253 f.; Brinkmann 1992: 166 ff.; vgl. auch das Konzept der „Vorschlagszirkel" bei Bumann 1991: 255 ff.).

Für die *Gruppenarbeit* werden zahlreiche Gründe angeführt (vgl. Losse/Thom 1977: 106 ff. und die dort angegebene Literatur sowie Bumann 1991: 241 ff.). So wird z. B. die Problemsuche durch die Beteiligung mehrerer Personen intensiviert und Fehler bei der Problemanalyse werden durch den unmittelbaren Kontakt und die gegenseitige Kritik der Gruppenmitglieder schneller entdeckt, sofern diese nicht einem kritikfeindlichen Konformitätsdruck ausgesetzt sind. In der Informationssammlungsphase wird die Überlegenheit der Gruppenarbeit meist schnell offenkundig. Die Gruppe kann als Informationspool gesehen werden, in den der Informationsvorrat der einzelnen Mitglieder einmündet. Oft bleibt es nicht bei der Addition des Wissens, sondern es kommt zu neuen Informationsverknüpfungen, insbesondere bei Gruppenmitgliedern mit unterschiedlichem Ausbildungs- und Erfahrungshintergrund. Ferner entsteht in den Gruppen selbst häufig ein Wettbewerbsgeist, der zur Intensivierung der Suchaktivitäten führt. Die Ursache ist zum Teil darin zu sehen, dass die Gruppe selbst ein Forum darstellt, in dem die Bedürfnisse ihrer Mitglieder nach Anerkennung, Prestige, Status, Identitätsfindung etc. befriedigt werden können.

Bezogen auf das *Gruppen-BVW* läuft die Argumentation im Grundlagenwerk von Krafft (1966: 199) auf folgende Schlussfolgerung hinaus:

„Durch die damit geschaffene 'Gruppensituation' werden die menschlich-sozialen Widerstände, wie sie beim Einzelvorschlagssystem sowohl bei den Vorgesetzten als auch bei den Mitarbeitern immer wieder zu finden sind, weitgehend im Sinne des gemeinsamen 'Wir' ausgeschaltet, und gerade hierin liegt der besondere sozialpsychologische Effekt des Gruppenvorschlagssystems."

Für die praktische BVW-Arbeit, eine Sonderaktion „Gruppenvorschläge" in einem größeren Industriebetrieb, formulierte Krafft (1980: 77), nun als Mitglied der Geschäftsführung, in einem Rundschreiben an alle Führungskräfte:

„1) Bei der Ablehnung eines Gruppenvorschlages geben sich die Einreicher gemeinsam den notwendigen psychologischen Halt vor deplazierter Kritik aus dem Kollegenkreis, die in der Regel lediglich als Schadenfreude über das eigene Unvermögen hinwegtäuschen soll.
2) Die Gruppe korrigiert selbst nicht zu vermeidende abwegige Ideen, verbessert die Qualität der Vorschläge und verringert dann die Ablehnungsquote."

Die positiven Auswirkungen von Gruppenkonzepten sind somit nicht nur anhand rein ökonomischer Effizienzkriterien zu messen. Vielmehr sollten positive soziale Auswirkungen wie etwa die Verbesserung der Kommunikations- und der offenen, sachbezogenen Konfliktaustragungsfähigkeit (die nur indirekt etwas zur gesamtbetrieblichen Effizienz beitragen) Beachtung finden (vgl. zu positiven Gruppeneffekten u. a. bei Antoni/Bungard/Kübler 1990; Antoni 1990). In manchen Unternehmungen, in denen mit Qualitätszirkeln (QZ) gearbeitet wird, käme die Unternehmungsleitung kaum auf die Idee, dieses Instrument einer strengen Kosten-Nutzen-Evaluation zu unterwerfen, da man die QZ als konsequente Umsetzung einer allgemeinen Führungsphilosophie sowie eines Leitbildes, letztlich als Bestandteil der Unternehmungskultur interpretiert.

Bevor an die gezielte Förderung von Gruppen-VV gedacht wird, empfiehlt es sich zunächst zu prüfen, inwieweit bei einer Belegschaft die *Bereitschaft* ausgeprägt ist, Gruppen-VV zu erarbeiten und einzureichen. Wir stellten in unserer repräsentativen Belegschaftsbefragung in einem mittelgroßen Industriebetrieb nachstehende, bewusst offen formulierte Interviewfragen (vgl. Losse/Thom 1977: 107 f.):

„Stellen Sie sich vor, Sie hätten eine Verbesserungsidee, wüßten aber noch nicht, wie sie ausgearbeitet und realisiert werden könnte. Wären Sie dann bereit, mit einer Arbeitsgruppe, zu der z. B. ihre Kollegen und auch der Vorgesetzte gehören, über ihre Idee zu sprechen und sie auszuarbeiten, so dass durch Ihre Idee die Arbeitsgruppe – mit Ihnen natürlich – einen VV einreichen kann? Können Sie die Gründe für Ihre Antwort näher erläutern? (Freie Antwort) Glauben Sie, dass durch die Arbeit in einer solchen Gruppe der Vorschlag besser wird?

Wären Sie überhaupt dazu bereit, in einer Arbeitsgruppe dazu beizutragen, VV, die z. B. auch andere vorbringen, auszuarbeiten?"

Die freien Antworten auf diese mehrstufige Frage haben wir in Tabelle 15 gruppiert.

Den Werten aus Tabelle 15 nach zu urteilen, besteht in dieser Belegschaft eine positive Einstellung zur Gruppenarbeit, wobei sowohl bei den Mitarbeitern als auch bei den Vorgesetzten (dort jeweils noch erheblich stärker) als Hauptargumente vorgebracht werden, VV könnten eher entstehen, es ergäben sich Vorteile für alle und man könne die Idee mit den Kollegen ausdiskutieren. Diese positive Grundeinstellung müsste nun von den BVW-Systemgestaltern dieser Unternehmung konsequent genutzt werden, zumal es für den einzelnen Mitarbeiter angesichts komplexer Technologie im Fertigungs- und Bürobereich schwerer werden könnte, beachtenswerte VV zu entwickeln. Auch lädt die in den BVW-Betriebsvereinbarungen enthaltene Bestimmung, dass VV nur prämiert werden können, wenn sie nicht zum unmittelbaren Aufgaben- und Verantwortungsbereich des Einreichers gehören, geradezu zur Gruppenarbeit ein, weil dann eine klare Zuordnung zum dienstlichen Pflichtenkreis des Einzelnen immer schwieriger wird. Die Tendenz scheint bei Unternehmungen mit langjähriger BVW-Erfahrung in Richtung auf eine großzügigere Auslegung

Tab. 15: Einstellungen zum Gruppenvorschlagswesen in einem mittelgroßen Industriebetrieb (anonyme Belegschaftsbefragung)

Stellungnahmen zum Gruppenvorschlagswesen mit Einreichergemeinschaften (Mehrfachnennungen)	Aus der Gesamt-Belegschaft repräsentativ ausgewählte	
	Mitarbeiter (n = 29)	Vorgesetzte (n = 11)
VV können eher entstehen	41.4 %	81.8 %
es ergibt sich ein Vorteil für alle	41.4 %	81.8 %
man kann mit Kollegen die Idee ausdiskutieren	48.3 %	54.5 %
durch selbst eingebrachte Ideen steigt das Ansehen in der Gruppe	13.8 %	36.4 %
man kann sein Wissen und seine Erfahrung zur Verfügung stellen	24.1 %	18.2 %
man kann mit der Gruppenarbeit sein Wissen und seine Erfahrung erweitern	17.2 %	18.2 %
Gruppenarbeit ist immer „sehr interessant"	20.6 %	9.1 %
man kann sich so besser kollegial verhalten	10.3 %	0.0 %
der Vorgesetzte kann durch einen Gruppenvorschlag besser überzeugt werden	6.9 %	0.0 %

dieses „dienstlichen Pflichtenkreises" zu gehen (vgl. Menzel 1981: 108; Vonlanthen 1995: 451). Die „Opel Eisenach GmbH" (Autofertigung von Opel in Eisenach) z. B. verzichtet in ihrem im Jahre 1992 eingeführten Vorschlagswesen auf die Unterscheidung zwischen berufspflichtigen und nicht berufspflichtigen VV und honoriert auch VV, wenn sie aus dem eigenen Arbeitsbereich kommen (vgl. Seidenstricker 1993: 22). In diesem Zusammenhang ist ferner zu beachten, dass eine verstärkte Delegation auch den Aufgaben- und

Verantwortungsbereich des Mitarbeiters erweitert und somit – streng genommen – seine Möglichkeit reduziert wird, Prämien für seine VV zu erhalten (vgl. Gerlach 1981: 104). Hiermit wird zumindest ansatzweise erkennbar, wie stark die Realisierungsbedingungen für wirkungsvolle Gruppenarbeit durch die im Betrieb vorherrschenden Regelungen und Praktiken im Bereich der *Organisation* und *Führung* beeinflusst werden. Eine weitere wichtige Voraussetzung für effiziente Vorschlagsgruppen wären *Trainingsmaßnahmen* (z. B. für Gruppenarbeitstechniken) wie sie z. B. innerhalb der Programme „Lernstatt", „Werkstattforen" (Mauch/Wildenmann 1982) und „Qualitätszirkel" bzw. „Ideenteams" üblich sind (vgl. Brinkmann/Heidack 1987; Deppe 1989). Bereits ohne gruppenarbeitsfördernde Maßnahmen im Bereich der Organisation, Führung und Ausbildung, also bei einfachen (spontanen) *Einreichergemeinschaften*, glaubten die befragten BVW-Beauftragten aus der BVW-Spitzengruppe im Hinblick auf die Gruppen-VV (Erfahrungsbasis im Jahr vor der Beurteilung: 4'224 VV) die in Tabelle 16 wiedergegebenen qualitativen Aussagen machen zu können (vgl. Post/Thom 1980: 132 f.).

Auffallend an diesem Ergebnis sind die positiven Erfahrungen dieser Auskunftspersonen hinsichtlich Beteiligungsquote sowie VV-Qualität und ganz besonders bezüglich des Abbaus von Teilnahmebarrieren.

Rein rechnerisch (bei Unterstellung von Roheinsparungen nach der Formel: Prämien x 6.5) gelangte Zucha (1981) nach der Auswertung von 18'000 Gruppen-VV, die bei 83 deutschen Betrieben im Jahre 1980 abgeschlossen wurde, zu einem differenzierten Bild:

Bezüglich der Einführungsquote war kein erheblicher Vor- bzw. Nachteil der Gruppen-VV gegenüber den VV von Einzeleinreichern feststellbar. Bei der Kennziffer „VV-Effektivität" (vgl. Zucha 1981: 155) waren nur VV von vier Einreichern den VV von Einzelpersonen überlegen. Zum einen mag man den rechnerischen Annahmen (z. B. für die nicht quantifizierbaren VV) von Zucha

Tab. 16: Welche Erfahrungen haben Sie mit dem Gruppenvorschlagswesen in Ihrer Unternehmung gemacht?

Antworten (Mehrfachnennungen)	relative Häufigkeiten
keine Abweichungen von Einzel-VV	14.3 %
besser durchdachte VV	71.4 %
schlechter durchdachte VV	0.0 %
Verbesserung des Betriebsklimas	14.3 %
Erhöhung der Beteiligungsquote	57.1 %
Abbau von Teilnahmebarrieren	85.7 %
speziell: weniger Fähigkeitsbarrieren	83.3 %
weniger Willensbarrieren	66.6 %
weniger Risikobarrieren	66.6 %

nicht folgen, zum anderen ist erneut daran zu erinnern, dass es sich hier nicht um die Ergebnisse von organisierten Vorschlagsgruppen handelte. Im Gegensatz zu solchen spontanen VV-Einreichergemeinschaften erhalten die Mitglieder von Qualitätszirkeln (siehe ausführlicher Strombach/Johnson 1983; Bocker/Evard 1982; Zink 1992: Sp. 2129 ff.) in aller Regel ein spezielles Training, wobei nicht zuletzt auf das Kommunikationstraining Wert gelegt wird, da die Gruppenleistung weitgehend von einem intakten Kommunikationsfluss abhängt (vgl. Köppel 1982: 27).

Aus den *USA* sind inzwischen Konzepte bekannt geworden, das *Einzelvorschlagswesen mit Qualitätszirkeln* (5 bis 15 Personen) und (Groß-) *Gruppenanreizsystemen* (20 bis mehrere hundert Personen) zu kombinieren. Die Philosophie des Computerherstellers HONEYWELL (Gewinner des Preises der USamerikanischen Vorschlagswesenvereinigung) fasst Schwarz (1981: 25) wie folgt zusammen:

„Qualitätszirkel und Gruppenanreizprogramme sind ein ausgezeichnetes Instrument, wenn sie zusammen mit einem kraftvollen und als Basis gedachten Vorschlagswesen arbeiten. Beide, Qualitätszirkel und Gruppenanreizprogramme, können als zeitweise unterbrochenes Programm [...] betrachtet werden. Das Vorschlagswesen bleibt die Basis, die jedermann versichert, dass es immer einen Weg gibt, eine gute Idee vorwärts zu bringen und sicher zu sein, dass sie sorgfältig bewertet wird und dass ihr eine baldige Aufmerksamkeit zuteil wird."

Japan war in den letzten Jahrzehnten dafür bekannt, guten Ideen schnell zum Durchbruch verhelfen zu können. Daher wird es kaum überraschen, wenn in dieser Spitzen-Industrienation sich beide Konzepte (Qualitätszirkel und BVW) *nebeneinander* sehr gut entwickeln. In Bezug auf Qualitätszirkel ist das Engagement in Japan weltweit bekannt, hinsichtlich des BVW dagegen kaum. Das Japan Institute of Labor berichtete in seinem Japan Labor Bulletin (Hanami 1982: 7) u. a. darüber, dass sich die Zahl der institutionalisierten BVW-Systeme binnen kurzer Zeit von 141 (1973) auf 427 (1980) gesteigert habe. Die Zahl der BVW-Teilnehmer stieg von 283'737 (1976) auf 597'519 (1980) und die Zahl der VV von 3.32 Millionen (1973) auf 23.53 Millionen (1980). Im Jahre 1980 kamen auf jeden Beschäftigten dieser BVW-Betreiber 12.8 VV, also (statistisch gesehen) mehr als ein VV pro Monat auf jeden Arbeitnehmer. Wir haben jedoch Grund zur Annahme, dass viele VV nicht die gleich strengen Anforderungen erfüllen, die im deutschsprachigen Raum üblich sind. Teilweise dürfte es sich um bloße Fehlerquellenhinweise handeln. Dennoch ist das hohe Engagement der japanischen Arbeitnehmer bemerkenswert.

Auch in der *Bundesrepublik Deutschland* gibt es Unternehmungen, die Qualitätszirkel und BVW als gute Ergänzung betrachten. Viele der Unternehmungen, die über ein leistungsstarkes BVW verfügen (z. B. die Großunternehmungen des Automobilbaus und der Elektronik) gehörten auch zu den Pionieren der Qualitätszirkelbewegung in Deutschland. Selbst ein Gruppenvorschlagswesen ist mit den Qualitätszirkelprogrammen kompatibel. Hierzu vertritt Küchler (1981: 47) die Auffassung:

„In so manchen Qualitätszirkeln werden Vorschläge erarbeitet und umgesetzt, die eine Verbesserung der Produktqualität, eine Vereinfachung von Arbeitsabläufen und Kosteneinsparungen in teilweise erheblichem Ausmaß bewirken. Es versteht sich von selbst, dass derartige Mitarbeiterleistungen eine Anerkennung erfordern, die über Belobigungen und öffentliche Bekanntgabe hinausgeht.

In der Koppelung an das betriebliche Vorschlagswesen wird es möglich, ohne die Schaffung zusätzlicher Prämiensysteme entsprechende materielle Anerkennung auszusprechen. Gruppenvorschläge sind hier der geeignete Weg, da sie den Teamgedanken unterstreichen."

Erfahrungen sowohl in den USA (vgl. Reißinger 1982 (a)) als auch in der Bundesrepublik Deutschland haben jedoch gezeigt, dass es sinnvoll sein dürfte, beide Programme formal voneinander klar abzugrenzen, um Missbräuchen vorzubeugen. Beispiele für solche Regelungen sind:

- Das Eintreten in einen Qualitätszirkel und der Austritt aus demselben wird von jedem Mitglied durch Unterschrift bestätigt.

- Sitzungsprotokolle, die eine Problemlösung enthalten, werden als Dokumente betrachtet, die zur Prioritätsfeststellung bei VV heranzuziehen sind. Damit wird ausgeschaltet, dass Mitglieder von Qualitätszirkeln Ergebnisse der dortigen Gruppenarbeit als ihren persönlichen VV mit Aussicht auf Erfolg einreichen können.

Abschließend zu diesem Punkt seien mit Abbildung 7 die wichtigsten Unterschiede zwischen spontanen Einreichergemeinschaften, organisiertem Gruppenvorschlagswesen und Qualitätszirkeln herausgearbeitet (vgl. Bumann 1991: 262). Wegen der Vielfalt betrieblicher Erscheinungsformen (vgl. Strombach/

Abb. 7: Vergleich von Gruppenvorschlagswesen und Qualitätszirkeln anhand ausgewählter Merkmale

Merkmale zum Vergleich der Systeme	BETRIEBLICHES VORSCHLAGSWESEN (BVW)		Qualitätszirkel (QZ)
	Einreichergemeinschaften	formelle Vorschlagsgruppen	
Hauptziele	Rationalisierung, Humanisierung, Personalführung und -entwicklung, Innovationsförderung		Technische und soziale Qualität (Q.), Verfahrens-Q., Q. der Arbeitsergebnisse verbessern
Zielgruppen	alle Mitarbeiter außer oberste Führungskräfte	Mitarbeiter der unteren Hierarchiestufen (nur vereinzelt Ausnahmen)	Mitarbeiter der unters-ten Hierarchiestufen (nur vereinzelt Ausnahmen)
Art der Gruppenarbeit (Organisationsgrad)	**spontan** (informal)	organisiert	organisiert
typische Gruppengrösse	2–3 Personen	5–10 Personen	4–8 Personen
Organisatorische Herkunft der Gruppenmitglieder	offen (gleiche oder unterschiedliche Organisationseinheit)	fachlich bewusst komplementär zusammengesetzt	regelmäßig Mitglieder **einer** Organisationseinheit
Schulungsmaßnahmen	**keine** Schulung	Schulung für Gruppenleiter und -mitglieder	intensive Schulung für QZ-Moderator und QZ-Mitglieder
Themen der VV und eigene Stellenaufgaben	VV darf **nicht** dienstlichem Pflichtenkreis entsprechen	VV sowohl aus eigenem Aufgabengebiet als auch arbeitsplatzübergreifend	Konzentration der Q.-Verbesserung auf den eigenen Aufgabenbereich
Sitzungszeiten	außerhalb der offiziellen Arbeitszeit (Freizeit)	in unmittelbarem Anschluss an die Arbeitszeit	meist während der Arbeitszeit oder unmittelbar anschließend
Ort der Zusammenkünfte	meist außerhalb des Betriebes	innerhalb des Betriebes	innerhalb des Betriebes
Lebensdauer der Gruppe	meist auf Ausarbeitung des VV **begrenzt**	teils auf VV begrenzt, teils länger	grundsätzlich unbefristet (z. T. Ausnahme)
Präsentation der Ergebnisse der Gruppenarbeit	meist beim BVW-Beauftragten (i.d.R. schriftlich)	meist beim BVW-Beauftragten	Vor der zuständigen Instanz durch den QZ selbst
Reaktion entscheidungsbefugter Stellen	nach mehreren Wochen/Monaten	nach mehreren Wochen/Monaten	meist unmittelbar erste sichtbare Reaktion
Anerkennung/ Honorierung der Ergebnisse	überwiegend durch Sach- und Geldprämien	überwiegend durch Sach- und Geldprämien	überwiegend durch Arbeitsentgelt und immateriell
Realisierung der Vorschläge	nicht durch Gruppenmitglieder	nicht durch Gruppenmitglieder	nach Möglichkeit durch QZ-Mitglieder

Johnson 1983; Kramer/Winter 1984), muss in dieser Übersicht wieder eine Reduktion auf Grundtypen erfolgen. Die wichtigsten Unterschiede bestehen nach meiner Ansicht bei den Merkmalen: Art der Gruppenarbeit, Schulungsmaßnahmen, Themen der VV, Lebensdauer der Gruppe, Anerkennung/ Honorierung. Über das letztgenannte Merkmal wird oft die Brücke zwischen Einreichergemeinschaften und Qualitätszirkeln geschlagen (vgl. Küchler 1981). Diese beiden bilden meines Erachtens ohnehin eine gute Ergänzung, während die Überschneidungen zwischen formellen Vorschlagsgruppen und Qualitätszirkeln stellenweise so groß werden, dass es kaum ratsam erscheint, beide gleichzeitig einzurichten. Hier sollte sich eine Unternehmungsleitung für das eine oder andere entscheiden.

Angesichts der Bedeutung, die die Frage nach der Individualität bzw. der Koexistenz von BVW und QZ in der allgemeinen Diskussion erlangt hat, soll in fünf Punkten nochmals thesenartig zu den Besonderheiten und Gemeinsamkeiten von BVW und QZ Stellung bezogen werden (vgl. Thom 1986 (a): 237 ff. und 1986 (b): 456).

(1) Beim hauptsächlich vom Einzeleinreicher oder von kleinen Einreichergemeinschaften getragenen BVW und vielen im deutschsprachigen Raum vorfindbaren QZ-Ansätzen handelt es sich um Instrumente der Betriebsführung, die offensichtlich nicht mit deckungsgleichen Zielen eingesetzt werden und schwerpunktmäßig auch auf verschiedene Zielgruppen ausgerichtet sind. Zwar dienen beide Einrichtungen der Rationalisierung (Produktivitätssteigerung) und Qualitätsverbesserung, doch ist innerhalb der QZ-Bewegung zumindest eine starke Strömung erkennbar, die weitaus stärker den Motivations-, Führungs- und Personalentwicklungsaspekt hervorhebt (vgl. Schüttkemper 1983: 1164). Wenn auch das BVW in den letzten Jahrzehnten häufiger als Personalführungskonzept aufgefasst wird (vgl. Bächle 1984: 1333), so versteht sich „Führung" hier doch mehr im Sinne einer Aufforderung an den Mitarbeiter, sich durch konstruktive Ideen an der Entwicklung des Betriebes zu beteiligen, sowie in der Bereitstellung einer Einrichtung, die (im Idealfall) allen Mitarbeitern gleiche Chancen für die Einreichung, Prüfung und Umsetzung ihrer Ideen

gewährt. QZ sind dagegen in stärkerem Maße ein aktives Instrument der Personalführung, das sich allerdings – nicht zuletzt wegen des beträchtlichen Ressourcenbedarfs (Arbeitszeit, Zusatzpersonal, Training) – oft auf einzelne Mitarbeitergruppen oder Betriebsbereiche konzentriert. Meist sind dies Angehörige der unteren Hierarchiestufen. Immer wieder wird betont, dass die Erwartungen an die Ergebnisse der QZ-Arbeit nicht zu hoch angesetzt werden sollten. In das BVW gelangen neben zahlreichen Bagatellvorschlägen immer wieder auch Ideen mit sehr hohem Neuigkeitsgrad. Ihr beträchtlicher Nutzen für die Unternehmungen lässt sich an den zum Teil vielstelligen Prämiensummen erkennen.

(2) Falls in der QZ-Arbeit Ergebnisse erzielt werden, welche die zu Beginn dieses Buches genannten Anforderungen an einen VV erfüllen, bieten die aus dem BVW bekannten Regelungen meist einen geeigneten Ansatzpunkt zur Bewertung und Vergütung eines solchen VV. Um eine Benachteiligung von unmittelbaren BVW-Teilnehmern zu verhindern, könnten Abschläge für den QZ-VV berechnet werden, die berücksichtigen, dass die QZ-Mitglieder ihren VV während der Arbeitszeit oder in bezahlten Überstunden ausarbeiten konnten und die QZ-Problemlösungen häufig den unmittelbaren Arbeitsbereich der QZ-Mitglieder betreffen. Auch sollte für den QZ-Moderator eine Sonderregelung (persönlicher Korrekturfaktor) in der Honorierung gefunden werden.

(3) Wenn eine stärkere Koppelung von QZ und BVW in Einzelfragen (vgl. Punkt (2)) vorgenommen wird, könnte sich auch die Einstellung der Gewerkschaften und der (oft gewerkschaftlich organisierten) Betriebsräte zum QZ-Konzept weiter verbessern. Während die Arbeitnehmervertreter – nicht zuletzt aufgrund der weit ausgebauten Mitbestimmungsposition – gegenüber dem BVW in den letzten Jahrzehnten eine deutlich positivere Einstellung entwickelt haben (vgl. Büsch/Thom 1982: 165), begegneten sie dem QZ-Ansatz lange mit Skepsis (vgl. Zimmermann 1984). Wenn selbst am BVW nach wie vor die zu geringen Prämien gerügt werden (vgl. Höckel 1972: 92; Bumann 1991: 173), ist es kaum verwunderlich, dass im Zusammenhang mit QZ sogar von der „Enteignung des geistigen

Kapitals der Mitarbeiter" (Weindel 1984: 130) die Rede war. Ein Mitglied des Geschäftsführenden Bundesvorstandes des Deutschen Gewerkschaftsbundes stellte auf dem zweiten Deutschen Qualitätszirkel-Kongress fest: „Das betriebliche Vorschlagswesen wird jetzt in den Qualitätszirkeln für Verbesserungsvorschläge ohne oder mit nur geringen Prämien praktiziert" (Zimmermann 1984: 270). Festzuhalten bleibt, dass das BVW einen von vielen Seiten akzeptierten Rahmen zur Lösung des Nutzen-Verteilungsproblems zur Verfügung stellt. Die entsprechenden Regelungen müssen teilweise für VV aus der QZ-Arbeit fortentwickelt werden. Oberstes Ziel ist dabei die Gleichbehandlung aller Arbeitnehmer unter Berücksichtigung der für die VV-Ausarbeitung gegebenen Voraussetzungen (Leistungsbedingungen).

(4) Bei den Unternehmungen mit langjähriger BVW-Erfahrung sind Tendenzen erkennbar, diese Einrichtung zu aktivieren. Zu erwähnen sind in diesem Zusammenhang Sonderaktionen mit Themenvorgaben (vgl. Nowak 1984: 62). Das Management will die Ideenproduktion durch Werbung und Anreize in eine bestimmte Richtung (z. B. Bereiche mit hohem Rationalisierungsbedarf) lenken. Der stärkeren Betonung des Personalführungsaspektes entspricht es, wenn die VV-Einreicher ermutigt werden, einen möglichen Anonymitätsschutz nicht in Anspruch zu nehmen und grundsätzlich ihren unmittelbaren Vorgesetzten als ersten Ansprechpartner bei der Formulierung und Abgabe eines VV aufzusuchen. Der offenen Kommunikation wurde im QZ-Konzept von vornherein eine große Bedeutung beigemessen. Der Erfolg der QZ-Arbeit hängt daher wohl auch in noch stärkerem Maße als der des BVW vom Entwicklungsstand des Führungsstils und einer innovationsförderlichen Kultur in der jeweiligen Unternehmung ab.

(5) Versteht man QZ als Ideenteams, so können sie als Weiterentwicklung des Gruppenvorschlagswesens verstanden werden (vgl. Spahl 1984: 71). Der Grundgedanke organisierter Kleingruppenarbeit mit dem Ziel der Produktion neuer Ideen ist keineswegs neu. Schon seit längerer Zeit kennt man in vielen Unternehmungen Wertanalyseteams (vgl. Buckesch 1981;

Wohinz 1983). Deren Mitglieder sind jedoch in aller Regel weit höher qualifiziert als QZ-Angehörige. Auch sind schon vor längerer Zeit Konzepte für mehrstufige Ideenteams bekannt geworden, die an verschiedenen hierarchischen Ebenen und inhaltlichen Problembereichen ansetzen (vgl. den Bericht über AUDI NSU Auto Union AG im Industriemagazin 1984, Heft 6, S. 122 ff.). Alle diese Gruppen existieren neben den klassischen Innovationseinheiten wie Forschung und Entwicklung, Patent- und Lizenzwesen sowie dem BVW. Aus betriebswirtschaftlicher Sicht ist die Existenz von Ideenteams, auf welcher Hierarchiestufe auch immer, anhand folgender Prüffragen zu beurteilen: Welche Einrichtung führt bei gleichem Mitteleinsatz zur besseren Ausschöpfung des Ideenpotenzials einer Belegschaft (und damit auch zur Entfaltung ihrer Angehörigen)? Rechtfertigen bessere (durchdachtere) und schnellere Ergebnisse (VV) einen höheren Mitteleinsatz? Zur Beantwortung dieser Fragen wird jeder Betrieb in unterschiedlich langen Lernprozessen jeweils individuelle Lösungen finden müssen. Auch BVW-Systeme und QZ-Konzepte sind im deutschsprachigen Raum sehr unterschiedlich ausgestaltet worden (vgl. zu den QZ in der Schweiz Thom/Vonlanthen 1994: 26 ff.). In den meisten Fällen kann man davon sprechen, dass BVW und QZ andere Bereiche des innerbetrieblichen Ideenpotenzials erschließen. Solange dies zutrifft, erscheint es vorteilhaft, sich beider Instrumente zu bedienen. Die (Ko-)-Existenzfrage von BVW und QZ ist anhand ihrer Beiträge zur Erreichung von konkreten Zielen (Effektivität) sowie durch eine Beurteilung der jeweiligen Input-Output-Relationen (Effizienz) immer wieder zu prüfen. Dies wäre eine Aufgabe für das laufende BVW-Controlling und das von Zeit zu Zeit (z. B. nach 5 Jahren) durchzuführende BVW-Auditing.

5. Bezugsrahmen für das Vorschlagswesen und seine Stellung im Innovationsinstrumente-Mix

In seiner langen Geschichte hat das BVW sehr unterschiedliche Gestaltungsformen erhalten. An dieser Geschichte kann der BVW-Interessierte zugleich studieren, wie stark sich bestimmte dominante Zielvorstellungen und Einflussfaktoren außer- und innerbetrieblicher Art auf das Erfolgsniveau dieser Einrichtung zur Förderung und Umsetzung der Belegschaftskreativität auswirken. Das vorliegende Buch hat sich vor allem auf solche *Größen* konzentriert, die verantwortliche BVW-Gestalter *unmittelbar beeinflussen* können (vgl. zum erweiterten BVW-Bezugsrahmen Thom 1979: Sp. 2232 ff. und Thom 1995: 119 ff.) (siehe Abb. 8, S. 122).

Für jeden BVW-Gestalter ist es zunächst erforderlich, sich mit den *Bedingungen* vertraut zu machen. Hier sind u. a. einige rechtliche Vorschriften zu beachten (z. B. Betriebsverfassungsgesetz, Arbeitnehmererfindungsgesetz, arbeitsrechtliche Fragen). Insgesamt gibt es allerdings nur sehr wenige, den Gestaltungsspielraum für BVW-Systeme unmittelbar einengende Größen. Von den externen Bedingungsgrößen (Randbedingungen) scheint nach bisherigem Erkenntnisstand der Umweltdynamik ein erheblicher Einfluss auf das BVW zuzukommen. Hierbei ist besonders an die Konkurrenzintensität auf den Märkten, auf denen sich eine Unternehmung behaupten muss, zu denken. In Unternehmungen, die sich in einem solchen Wettbewerb bewähren müssen (z. B. Automobilhersteller und deren Zulieferbetriebe), hat das BVW unternehmungskulturell und innerhalb der Unternehmungsstrategie auffallend häufig eine besonders günstige Ausgangsposition.

Zum Betriebsmerkmal „Größe" wurde bereits angemerkt, dass ein BVW-System grundsätzlich in Klein-, Mittel- und Großunternehmungen anwendbar ist. Die Größe ist allerdings bei der Ausgestaltung der unmittelbaren Aktionsparameter (z. B. Organisation des BVW) stark zu berücksichtigen. Belegschaften mit gutem Ausbildungsstand, günstiger altersmäßiger Durchmischung und hoher Identifikation mit der jeweiligen Unternehmung bieten gute Voraussetzungen für ein quantitativ und qualitativ beachtliches BVW-Engagement.

Abb. 8: Bezugsrahmen zur Erklärung der BVW-Effizienz (Quelle: Thom 1980, S. 433)

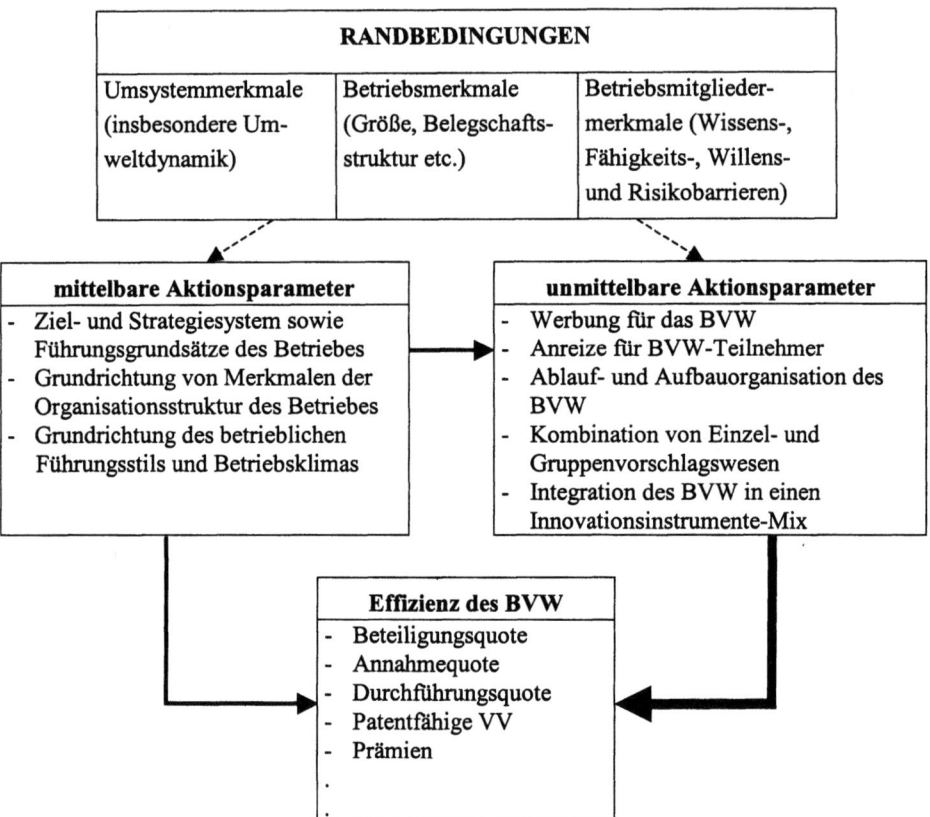

Ein weiterer Schritt besteht darin, sich Klarheit über die *BVW-Gestaltungsziele* zu verschaffen. Mit dem BVW können ökonomische, technische, soziale, ökologische und andere Ziele gleichermaßen erreicht werden. Die an der BVW-Gestaltung beteiligten Gruppen (Unternehmungsleitung, Führungskräfte, Betriebsrat bzw. Betriebskommission) werden angesichts der Vielzahl möglicher Ziele entscheiden müssen, welche Gewichte sie den einzelnen Zielen (vgl. Tabelle 3, S. 33) beimessen wollen. Ein Ausdiskutieren der Unterschiede ist zweifellos besser als das Entstehen starker Abweichungen zwischen Ist- und Soll-Zuständen. Für die konkrete Messung des Erfolges eines BVW ist es dann erforderlich, einige *Kennziffern* (Effizienzkriterien) zu definieren, in denen sich die verschiedenen BVW-Zielvorstellungen in operationalisierter Form niederschlagen.

Bevor man nun an die Auswahl und Ausgestaltung der unmittelbaren *BVW-Aktionsparameter* geht, empfiehlt sich noch eine Analyse der *Barrieren*, die Mitarbeiter typischerweise von einer VV-Abgabe abhalten. Diese Barrieren des Nicht-Wissens, Nicht-Könnens, Nicht-Wollens und Nicht-Wagens gilt es bei den weiteren Maßnahmen (als personelle Randbedingungen) stets im Auge zu behalten.

Damit das BVW nicht das Ansehen einer sozialen (Hilfs-)Einrichtung erhält, sondern Aufnahme in das Instrumentarium der Betriebsführung findet, sollte schon in den *Ziel- und Strategieformulierungen* allen Unternehmungsmitgliedern verständlich gemacht werden (u. a. auch in Unternehmungs- und Führungsgrundsätzen), dass ein BVW-Engagement im Interesse der Entwicklung des Betriebes und jedes einzelnen Mitarbeiters sehr willkommen ist und entsprechende Anerkennung erfährt. Gestützt wird dieses Signal an die Mitarbeiter durch eine innovationsförderliche Gestaltung der Organisationsstruktur und des Führungsstils (siehe hierzu z. B. auch die Analyse und empirischen Erkenntnisse neuerer Studien bei Schmid 1987: 23; Nier/Schusser 1990: 274 und Vonlanthen 1995: 93 ff.).

Mit einfallsreichen und gezielten *Werbemaßnahmen* werden die Teilnahmeberechtigten regelmäßig auf das BVW aufmerksam gemacht und zur Mitwirkung aufgefordert. Dabei sollten nicht nur die materiellen Anreize für erfolgreiche VV-Einreicher herausgestellt werden. Überhaupt erweist sich die Gestaltung eines bedürfnisgerechten *Anreizsystems für BVW-Teilnehmer* als eine komplexe Aufgabe, zumal die meisten VV in ihrem Nutzen nicht exakt quantifizierbar sind. Im Rahmen der immateriellen Anreize erfolgt die Einbeziehung des BVW in das betriebliche Personalführungsinstrumentarium.

Es liegt wiederum sowohl im Unternehmungs- als auch im Mitarbeiterinteresse, dass für die Behandlung der VV durch eine *Aufbau- und Ablauforganisation* ein System von Regeln entwickelt wird, die für alle Beteiligten durchschaubar und einsichtig sind, allen Arbeitnehmern eine gleiche Chance zur Nutzung dieses Instrumentes eröffnen und die Erreichung der definierten BVW-Effizienzkriterien begünstigen. Ein Teilaspekt der organisatorischen Gestaltung des BVW ist die Frage, ob neben den VV von einzelnen Mitarbeitern auch informale und formale *Gruppenaktivitäten* zur Erarbeitung und Einreichung von VV gefördert werden sollen. An dieser Stelle zeigt sich erneut ein Überschneidungsfeld des BVW mit verwandten Einrichtungen wie z. B. Qualitätszirkeln. Anhand eines Merkmalvergleichs (vgl. Abbildung 7, S. 116) wurde geklärt, dass das Gruppen-BVW in Form von Einreichergemeinschaften durchaus mit dem *Qualitätszirkelkonzept* kombinierbar ist; eine gegenseitige Ergänzung mit Synergieeffekt erscheint möglich (vgl. auch Arbeitsgemeinschaft für wirtschaftliche Verwaltung e. V. 1984 und auch die Idee der „Vorschlagszirkel" bei Bumann 1991: 255 ff.).

In Unternehmungen mit einer langjährigen BVW-Erfahrung denkt man immer stärker darüber nach, wie das BVW mit *anderen Rationalisierungs- und Innovationsinstrumenten verknüpft* werden kann. So arbeitet z. B. Schäfer (1979) die Zusammenhänge zwischen Gruppenvorschlagswesen, Organisationsentwicklung (vgl. Nieder/Altenhoven 1979 sowie Linder 1983) und Wertanalyse (ähnlich Hoffmann 1982) heraus, wobei für ihn die Schnittmenge des BVW mit der Wertanalyse größer ist als die mit der Organisationsentwicklung. In der Studie von Vonlanthen (1995: 482) wurde von den 80 befragten BVW-Experten recht stark der zu intensivierende Bezug des BVW zum „Total Quality Management" (TQM) herausgestellt. 20 Personen halten eine Abstimmung zwischen BVW und TQM für „eher bedeutend", 17 Befragte gar für „sehr bedeutend". Zum Konzept des TQM muss auf die Speziallliteratur verwiesen werden (vgl. Töpfer/Mehdorn 1994: 3 ff.). Grochla (1982) erwähnt in seinem Grundlagenwerk über die *organisatorische Gestaltung* an verschiedenen Stellen (z. B. S. 55 und S. 342) auch das BVW und deutet damit an, dass es sinnvoll in die Organisationsplanung, -kontrolle und -entwicklung einbezogen werden kann (vgl. Bumann 1991: 236 ff.).

An anderer Stelle hat der Verfasser (vgl. Thom 1987: 328 ff.), teilweise auch zusammen mit Grochla (vgl. Grochla/Thom 1980), die Beiträge eines BVW im Rahmen der Personalführung und Personalentwicklung untersucht. Das BVW ist in diesen Quellen als Einrichtung zur Entdeckung sowie zur Entfaltung (und Motivation) von förderungswürdigen Mitarbeitern bezeichnet worden. Insoweit könnte das BVW einen Beitrag zur Potenzialbeurteilung der Mitarbeiter leisten und die Veranlassung von PE-Maßnahmen (zusätzlich) begründen. In der Praxis gehen die Auffassungen hinsichtlich der PE-Dimension des BVW jedoch noch sehr weit auseinander (vgl. Abb. 9, S. 126). So wurde denn auch in einer „Spitzengruppen-Befragung" festgestellt, dass Unternehmen derartige Möglichkeiten des BVW-Einsatzes selten umfassend ausschöpfen. Aus der gleichen Erhebung wurde allerdings auch erkennbar, dass der bloße Wille zur PE-Nutzung des BVW nicht ausreicht. Vielmehr müssen dann sorgfältig die Schnittstellen zum PE-System gestaltet werden. Hierzu zählen neben Beurteilungen und Förderkarteien oder -dateien vor allem die Planung der Bildungsmaßnahmen sowie der Verwendungs- oder Aufstiegsmöglichkeiten (inkl. Arbeitsbereicherung) anhand von eindeutigen Kriterien, welche die Chancengleichheit der Mitarbeiter gewährleisten und die objektiv feststellbare Leistungsfähigkeit und -bereitschaft angemessen würdigen.

Im Zusammenhang mit der Verbindung des BVW mit anderen Innovationsinstrumenten müssen auch Kreativitätstechniken genannt werden. Eine gezielte Förderung der Erlernung und des Einsatzes von *Kreativitätstechniken* bei der täglichen Arbeit wird sich sicherlich positiv auf die BVW-Effizienz auswirken.

Abb. 9: Aussagen von BVW-Beauftragten aus industriellen Großunternehmen zur Weiterentwicklung des BVW als Personalentwicklungsinstrument (Spitzengruppen-Befragung)
(Quelle: Thom 1987, S. 332)

ANSICHTEN ZUR AUSGESTALTUNG DES VORSCHLAGSWESENS ALS PERSONALENTWICKLUNGSINSTRUMENT	
Ablehnung und Trennungsvorschlag	„Bei uns wird diese Verflechtung abgelehnt." „Es besteht keine Notwendigkeit, da erfolgreiche Einreicher ihr Licht nicht unter den Scheffel stellen." „Personalentwicklung und BVW sollten getrennt operieren. Ihre Endziele sind nicht gleich!"
bedingte Zustimmung	„Es müssten zuerst Kriterien erarbeitet werden, die mit dem Betriebsrat dann in Betriebsvereinbarungen geregelt werden könnten, um eine Grundlage zu schaffen. Viele VV oder ein guter VV ist noch keine Basis." „Die Neubesetzung der Stellen sollte nach Kriterien erfolgen, die dem gegenwärtigen Stand der Erkenntnisse entsprechen." (Anm. d. Verf.: ... auch aufgrund der BVW-Statistik)
Volle Zustimmung	„Das BVW müsste von Personalleuten als Personalentwicklungsinstrument genutzt werden." „Bei jeder Personalentscheidung müsste das BVW mitwirken." (Anm. d. Verf.: gemeint ist die für das BVW zuständige Organisationseinheit)

Seit 1975 vertritt Siegfried Spahl (erneut: 1982) den Gedanken, das BVW zum *Ideenmanagement* weiterzuentwickeln. Er versteht hierunter die Zusammenfassung (auch in organisatorischer Hinsicht) aller betrieblichen Aktivitäten im Bereich des BVW, der Qualitätszirkel, Wertanalyse und des Patentwesens (vgl. zum letzteren auch Kollmer 1981). Eine Umfrage im Kammerbezirk Dortmund (vgl. Brinkmann 1987: 119 f.) hat ergeben, dass 26 von 85 antwortenden Unternehmungen beabsichtigen, das BVW weiterzuentwickeln z. B. in Richtung QZ oder Wertanalyse.

Nach wie vor ist der Verfasser selbst davon überzeugt, dass sich die bisher genannten Instrumente unter dem Konzept eines *umfassenden Innovationsmanagements* zusammenführen lassen. Dieses ist auf eine effiziente Generierung, Akzeptierung und Realisierung von Produkt-, Verfahrens- und Sozialinnovationen ausgerichtet. Unter letzteren versteht man alle planmäßigen Verbesserungen im Humanbereich sowohl bei einzelnen Mitarbeitern als auch im Beziehungsgefüge zwischen diesen Mitarbeitern. Im vom Verfasser ursprünglich vorgestellten *Innovationsinstrumente-Mix* (Thom 1980: 500) ist aufgrund der neueren Entwicklungen das Instrument Qualitätszirkel (QZ) zu ergänzen. Ziel der QZ-Arbeit ist die Qualitätsverbesserung im Produkt-, Verfahrens- und Sozialbereich. Daher sind QZ in Abbildung 10 neben dem BVW als übergreifendes Innovationsinstrument eingeordnet.

Das BVW findet zunehmend auch in Dienstleistungsbetrieben Eingang und behandelt verstärkt Vorschläge zum Verbraucher-, Umwelt-, Arbeits- und Gesundheitsschutz. Zudem berücksichtigt und fördert das BVW vermehrt Anregungen aus dem Kreis des (höheren) Managements sowie kleinerer (geschulter) Gruppen. In einer Fallstudie zeigte sich, dass insbesondere von diesen beiden Zielgruppen eine Effizienzsteigerung des BVW erwartet werden darf (vgl. zu dieser Entwicklung u. a. Brinkmann 1987 und 1989).

In einer oben bereits erwähnten Erhebung (vgl. Bumann 1989) wurde auf die Frage, welche Bedeutung dem BWV als zeitgemäßes Personalführungs- sowie Rationalisierungs- und Innovationsinstrument beigemessen werde, wie folgt

Abb. 10: Der Innovationsinstrumente-Mix (Quelle: Thom 1992, S. 30)

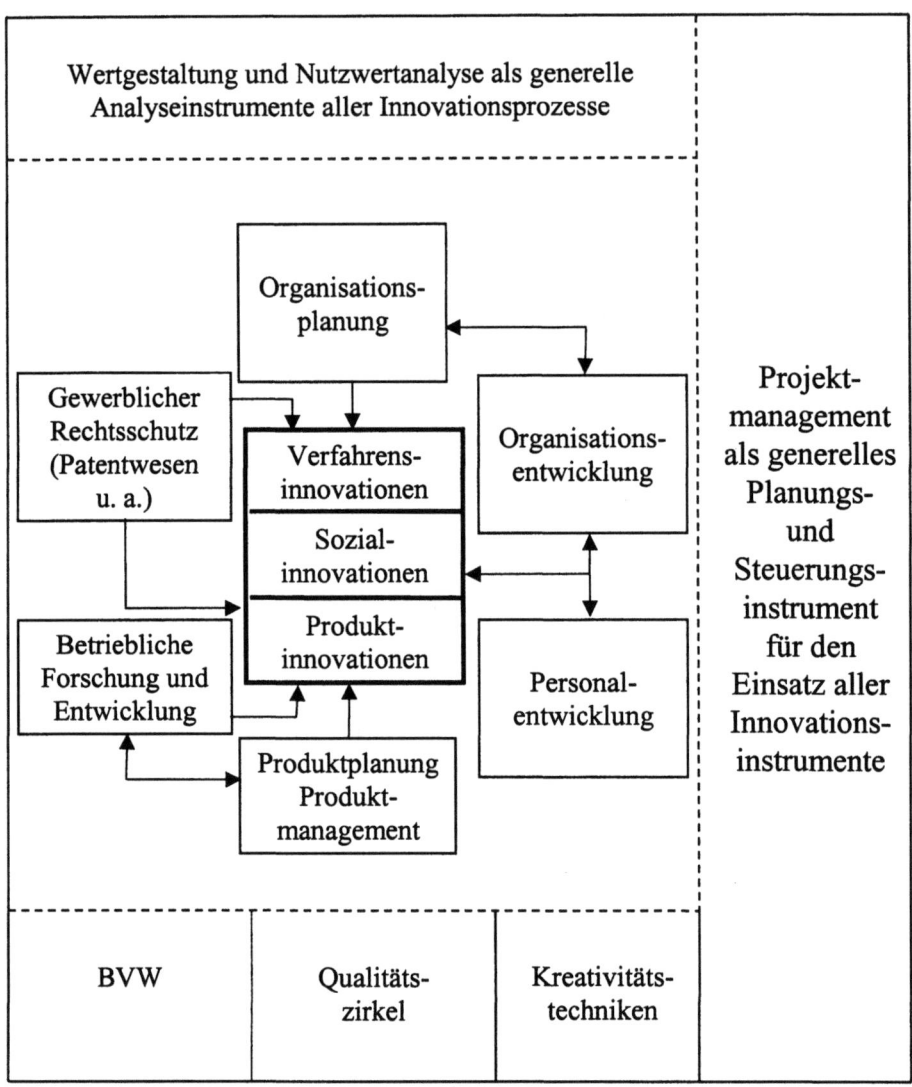

geantwortet: Wenn auch zum Befragungszeitpunkt das BVW noch eine geringe bis mittelmäßige Stellung einnimmt, so schätzte doch die Mehrheit der Unternehmungen, dass das BVW in Zukunft große oder sogar sehr große Bedeutung haben wird. In der Befragung von 80 schweizerischen BVW-Beauftragten durch Vonlanthen (1995: 485) wurde ebenfalls eine günstige Entwicklungsprognose für das BVW gestellt. Als die wichtigsten Erfolgsfaktoren gelten in den Augen der Befragten:

1. Akzeptanz, aktive Unterstützung und Durchsetzungswille seitens des Top-Managements und der übrigen Vorgesetzten;
2. Schaffung einer innovationsoffenen Unternehmungskultur (Neid- und Angstgefühle abbauen, Begeisterungsfähigkeit aller Mitarbeiter anstreben);
3. Komplizierten, undurchsichtigen und schwerfälligen Formalismus im Vorschlagswesen abschaffen.

Nach Waldner (1990) sind aber vor allem bei Groß- und Mittelbetrieben optimale Voraussetzungen für die erfolgreiche Realisierung eines BVW gegeben. Für kleinere Unternehmungen stellen auch andere Innovationsförderungsgruppen ein beträchtliches, häufig ungenutztes Potenzial dar. In kleinen Unternehmungen muss deshalb die Betriebsleitung entscheiden, ob ein institutionalisiertes BVW eine günstige Kosten-Nutzen-Relation aufweisen kann (vgl. hierzu die Anregungen bei DIB/Wuppertaler Kreis/Bundesministerium für Wirtschaft 1995). Vielfach ist es hier noch möglich, neue Ideen beim unmittelbaren Kontakt mit dem Vorgesetzten zu artikulieren. Aus Gründen der Gerechtigkeit sollten derart „vorschlagsfreudige Mitarbeiter" aber auch am Erfolg ihrer Ideen partizipieren (in Form von Prämien oder sonstiger Erfolgsbeteiligung). Ansonsten würde die Unternehmungsleitung bzw. die Gruppe der Eigentümer einseitig vom nicht institutionalisierten BVW profitieren.

Grundanliegen der bisherigen Aufführungen war es, dem Leser aufzuzeigen, dass das „altbewährte", aber permanent weiterzuentwickelnde BVW

- eine ernstzunehmende und vielschichtige Gestaltungsherausforderung darstellt, zu deren Unterschätzung jedenfalls keine Führungskraft Anlass hat;
- es sich sehr gut in das umfassende Instrumentarium der modernen Betriebsführung einbeziehen lässt und eigentlich nur mit einer solchen Integration sein Leistungspotenzial voll entfalten kann.

6. Das Vorschlagswesen in den Neunziger Jahren – Erkenntnisse aus einer Befragung in der Schweiz[1]

6.1 Vorbemerkungen

Im Rahmen einer 1993 durchgeführten schriftlichen Umfrage, an der 74 Schweizer Unternehmungen und 6 Schweizer Verwaltungen teilnahmen (also 80 Institutionen den zugesandten Fragebogen ausgefüllt haben), sind verschiedene Aspekte des Vorschlagswesens untersucht worden. Die nachfolgenden Ausführungen stellen einen kleinen Ausschnitt aus dieser Studie dar, die 1995 veröffentlicht wurde (vgl. Vonlanthen 1995). Es geht um erklärte Absichten der Erhebungsteilnehmer hinsichtlich einer Weiterentwicklung ihres Vorschlagswesen-Konzeptes, wie sie sich zum damaligen Zeitpunkt präsentierten. Abbildung 11 gibt hierzu einen zusammenfassenden Überblick (Auswahl).

6.2 Hauptansatzpunkte zur Weiterentwicklung des Vorschlagswesens

6.2.1 *Vielfältige Anwendungsmöglichkeiten*

Zu Punkt 1(die jeweilige Ziffer bezieht sich auf die Abbildung 11): Es ist ein großes Anliegen der Teilnehmer (fast ausschließlich BVW-Beauftragte), dass das BVW nicht nur auf produktionsspezifischen und anderen technischen Gebieten, sondern unternehmungsweit (d. h. auch innerhalb der Bereiche Materialwirtschaft, Personal, Organisation, EDV, Marketing, Ökologie etc.) Anwendung findet. Lange Zeit waren beispielsweise administrationsbezogene Verbesserungsvorschläge (VV) im BVW recht selten vertreten. Dies begründete

---

[1] Unter dem Thema „Neue Chancen für das Vorschlagswesen – Erkenntnisse aus einer Befragung" haben Norbert Thom und Jean-Marc Vonlanthen in der Zeitschrift „BVW Zeitschrift für das Vorschlagswesen", 20. Jg., Heft 2/1994, einen Beitrag veröffentlicht. Dieser Beitrag wurde nach leichter Überarbeitung mit freundlicher Genehmigung der Schriftleitung „BVW Zeitschrift für Vorschlagswesen" beim Deutschen Institut für Betriebswirtschaft e. V. (DIB), Frankfurt am Main, als Kapitel 6 in die vorliegende Publikation eingefügt.

Abb. 11: Absichten hinsichtlich der Weiterentwicklung des BVW-Konzeptes

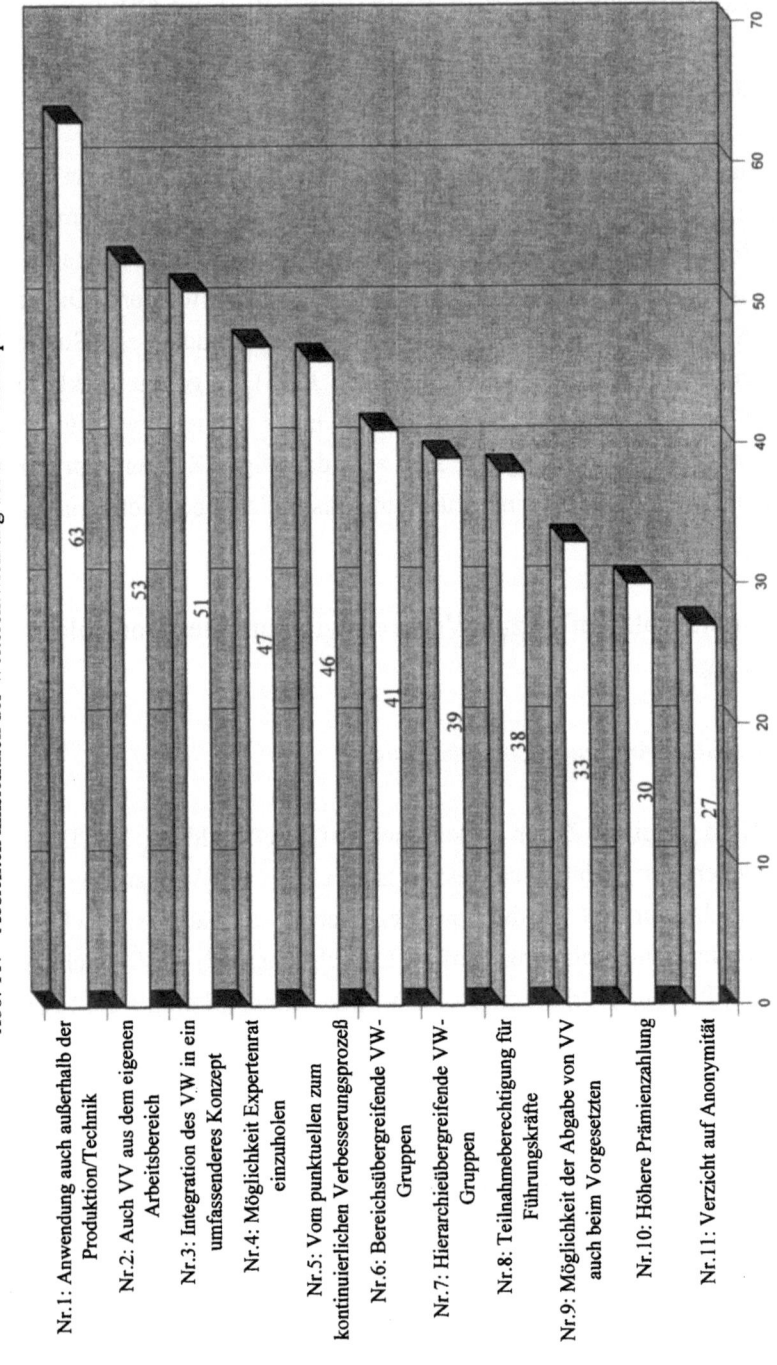

man mit u. a. mit dem Fehlen von größeren Rationalisierungspotenzialen oder mit den Schwierigkeiten bei der genauen Nutzenberechnung von Vorschlägen zum Verwaltungsbereich. Spätestens mit dem Aufkommen der Bürokommunikation und der in diesem Zusammenhang eingesetzten computergestützten Hilfsmittel setzt sich jedoch deutlich die Erkenntnis durch, dass die innovationspassive Haltung in den administrativen Bereichen aufgegeben werden muss.

6.2.2 Vorschläge aus dem eigenen Arbeitsbereich

Zu Punkt 2: Mit dem Bestreben, vermehrt auch Anregungen aus dem eigenen Arbeitsbereich zuzulassen, wenn es sich dabei um eine Sonderleistung handelt (z. B. Verbesserungen, die auch für andere Konzernbetriebe von Nutzen sind), soll verhindert werden, dass ein mögliches Verbesserungspotenzial verloren geht; denn die Mitarbeiter sind gerade in ihrem eigenen Arbeitsbereich als Experten und damit als potenzielle Lieferanten kreativer und wertvoller Ideen zu betrachten. Zudem dürfte es zu innerbetrieblichen Spannungen führen, wenn eine stärker forcierte Innovationspolitik sich ausschließlich auf Verbesserungen beschränkt, die in den Arbeitsbereich der Kollegen, Vorgesetzten und/oder fremder Abteilungen fallen: Ein derartiges Vorgehen könnte sehr bald als Versuch missverstanden werden, die Schwächen des anderen aufzudecken und seine eigene Überlegenheit zu demonstrieren. Allgegenwärtige Widerstände gegen jegliche Neuerung und gefährliche Auswüchse von Abteilungsegoismen wären in einem solchen Fall geradezu vorprogrammiert. Auch die Gutachter von Verbesserungsvorschlägen würden sich einem unbequemen Dilemma ausgesetzt sehen: Sie müssten sich jeweils zu Gunsten des Vorschlagseinreichers oder aber jener Person(en) entscheiden, in deren Arbeitsgebiet der Vorschlag fällt und könnten mit hoher Wahrscheinlichkeit mit der Verärgerung, im Extremfall sogar mit gezielten Rache- und Sabotageakten der „unterliegenden" Partei rechnen.

6.2.3 Integration des Vorschlagswesens in ein umfassendes Konzept

Zu Punkt 3: Die Intention, das BVW zukünftig in ein umfassenderes Konzept (in Form eines Ideenmanagement, Total Quality Management, Innovationsmanagement etc.) integrieren zu wollen, wird in dieser Umfrage an mehreren Stellen bestätigt. D. h. es soll eine systematische, an strategische Vorstellungen gekoppelte Koordination mit anderen betrieblichen Instrumenten der Rationalisierung und der Innovationsförderung (wie Kreativitätstechniken, Null-Fehler-Programme, Wertanalyse, FuE-Methoden, Hilfsmittel zur Qualitätsförderung, Patentwesen, Marketinginstrumente, Organisations- und Personalentwicklung, Projektmanagement etc.) angestrebt werden. Dadurch lässt sich ein größerer positiver Gesamteffekt, d. h. ein höherer (Innovations-)Output erzielen.

6.2.4 Frühzeitiger Rat von Experten

Zu Punkt 4: Entsprechend der hohen Bedeutung, die (an anderer Stelle) der offenen Informations- und Kommunikationspolitik für den Erfolg der BVW-Aktivitäten beigemessen wird, sollte nach Ansicht der BVW-Beauftragten auch die Möglichkeit bestehen, über informelle Wege den Rat von Experten einzuholen. Dieser Vorsatz entspricht dem allgemein beobachtbaren Trend, sporadische und informelle Kommunikationsbeziehungen zuzulassen, die sich an konkret anstehenden Problemen orientieren. Derartige Vorabklärungen des Vorschlags-Einreichers sind zu empfehlen, weil sie in vielen Fällen die nachfolgende Begutachtungsprozedur (aufgrund von bereits vorgängig ausgeräumten Unstimmigkeiten) wesentlich vereinfachen und verkürzen können.

6.2.5 Vom punktuellen zum kontinuierlichen Verbesserungsprozess

Zu Punkt 5: Die Mehrheit der Unternehmungen (die meist einem scharfen Wettbewerb ausgesetzt sein dürfte) möchte das BVW zu einem Instrument ausbauen, das sich nicht bloß auf vereinzelte punktuelle Retuschen suboptimaler Zustände beschränkt, sondern einen unternehmungsweiten Prozess der kontinuierlichen Verbesserung und Erneuerung anvisiert. Entsprechend der „Kaizen-Philosophie" will man nicht auf einen kurzfristigen Aktionismus abstellen, sondern vermehrt auf eine langsame, niemals endende Vervollkommnung in sämtlichen (Unternehmungs-)Bereichen setzen. Damit das hier beschriebene Vorgehen zum gewünschten Ziel führt, muss aber auch – wie oben gefordert – eine stärkere Integration des BVW stattfinden.

6.2.6   Einführung von Vorschlagsgruppen

Zu den Punkten 6 und 7: Da die zu lösenden (Innovations-)Probleme immer komplexere Strukturen annehmen und eine einzelne Person nicht so viel wissen kann wie eine leistungsfähige Gruppe zusammen, wird von den Respondenten die Bildung von bereichs-/funktions- und hierarchieübergreifenden Teams verlangt. Es wird somit versucht, das Modell der sich überlappenden Gruppen nicht nur in vertikaler, sondern auch in horizontaler Hinsicht umzusetzen. Indem bestimmte Personen zwei oder noch mehr Gruppen als Mitglied angehören, fungieren sie als Schaltstelle, als Übermittler von (innovations-)relevanten Informationen. Zudem lassen sich durch die verstärkten teamorientierten Bestrebungen größere Belegschaftskreise in den kontinuierlichen und damit immer selbstverständlicher werdenden Verbesserungs- und Innovationsprozess einbeziehen. Die oft unbefriedigende BVW-Beteiligungsquote kann somit erhöht werden. Dies ist eine wichtige Konsequenz im Hinblick auf Grundsatzfragen, welche die Existenzberechtigung des BVW in Zweifel ziehen.

6.2.7   Teilnahmeberechtigung für Führungskräfte

Zu Punkt 8: Aufgrund ihrer Ausbildung und ihrer innerbetrieblichen Funktionen (als Informationsverarbeiter und -verteiler) verfügen Führungskräfte meist über umfangreiche Kenntnisse. Nach Auffassung vieler Respondenten wird auf die Nutzung dieses wertvollen Wissens und Könnens im Rahmen des BVW heute noch zu oft verzichtet. Sie fordern daher, innerhalb des BVW die Teilnahme-

und Prämienberechtigung auch für Führungskräfte einzuführen (möglicherweise mit entsprechenden Korrekturfaktoren).

6.2.8 Vorgesetzter als direkter Ansprechpartner und „Coach"

Zu den Punkten Nr. 9 und 11: Die Wahlmöglichkeit, Verbesserungsvorschläge sowohl beim BVW-Beauftragten als auch beim direkten Vorgesetzten abgeben zu können, wird von relativ vielen Respondenten begrüßt, während die zwingende Einreichung der Vorschläge beim direkten Vorgesetzten (also das „Vorgesetztenmodell") mehrheitlich auf Ablehnung stößt. Diese Zurückhaltung hinsichtlich einer aktiveren (Coach-)Rolle der direkten Vorgesetzten lässt sich wohl dadurch erklären, dass bei manchen Führungskräften gegenüber dem BVW und den Vorschlags-Einreichern eine oft negativ geprägte Einstellung vorherrscht. Auch gute Ideen könnten sich gegen derartige Vorurteile und Blockaden nur selten durchsetzen. Darin dürfte auch der Grund liegen, weshalb man gegenüber dem generellen Verzicht auf Wahrung der Anonymität von Vorschlagseinreichern gewisse Vorbehalte anmeldet.

6.3 Voraussetzungen für ein neues Vorschlagswesen

6.3.1 Unternehmungskultur ohne Misstrauen

Von grundlegender Bedeutung ist es, eine Unternehmungskultur zu schaffen, in der nicht das Misstrauen, sondern das Vertrauen vorherrscht. Dazu müssen kreative Unternehmungsangehörige bei ihrer Suche nach Verbesserungs- und Erneuerungsmöglichkeiten auf eine hohe Fehlertoleranz ihrer jeweiligen Vorgesetzten zählen dürfen. Zudem sollten die Betriebsmitglieder Vorschläge einreichen können, ohne dass sich die Vorgesetzten dadurch kritisiert oder bedroht fühlen. Dies erfordert ein verändertes Selbstverständnis des Managements. Es gehört nicht zur Aufgabe der Führungskräfte, alle Verbesserungs- und Innovationsmöglichkeiten selber zu erkennen. Vielmehr hat der Vorgesetzte in diesem Zusammenhang die Rolle als Coach zu übernehmen. Seine Führungsfunktion besteht folglich weniger darin, dem Mitarbeiter genaue Anleitungen zur Erledigung eines (innovativen) Auftrags vorzugeben, als im Aufzeigen des zielbezogenen inhaltlichen und methodischen Rahmens, in dem sich die Auftragsabwicklung abspielen sollte. Bei allfälligen arbeitstechnischen und personellen Fragen steht die zuständige Führungskraft dem Mitarbeiter beratend und ermunternd zur Seite.

6.3.2 Kooperative Zielvereinbarung

Damit ist eine Variante des Management-by-Objectives angesprochen, die das Schwergewicht auf eine kooperative Zielvereinbarung und nicht auf eine autoritäre Zielvorgabe legt; denn ein stärkeres Engagement im Zusammenhang mit den betrieblichen Innovationszielen lässt sich auf die Dauer nur dann erreichen, wenn nach den Grundsätzen einer partizipativen Führungsphilosophie gelebt wird. Deren Anwendung soll bei jedem einzelnen Unternehmungsangehörigen u. a. ein kreatives und initiatives Denken und Handeln fördern und fordern und ihn entsprechend in die (Mit-)Verantwortung für innovative Vorhaben einbeziehen. Die gesamte Führungsgruppe muss aus den überzeugten und überzeugenden Worten und Taten der obersten Geschäftsleitung entnehmen können, dass die hier beschriebene Einstellung zum einzelnen Mitarbeiter und zu seiner Rolle im Verbesserungs- und Innovationsprozess nicht bloß „hehre", ansonsten aber weitgehend „leere", da folgenlose und deshalb alsbald vergessene Wunschvorstellungen sind. Die hier gestellten Forderungen bedingen weitreichende Anpassungen im Bereich der allgemeinen Führung, der Organisation und der Personalwirtschaft: Damit sich das bereits oft überlastete Management neuen Aufgaben im Rahmen des BVW zuwenden kann, muss es sich in anderen Bereichen (z. B. durch Stellvertreter oder durch eine Delegation von Routine-Aufgaben an zugeteilte Mitarbeiter) entlasten können (und wollen).

6.3.3 Vorgesetzter als Innovationspromotor

Die Möglichkeit, den Vorgesetzten zum Innovationspromotor zu entwickeln, sollte gezielt gefördert werden. Beispielsweise kann in der Stellenbeschreibung des Vorgesetzten seine Rolle als Innovationspromotor und in den organisatorischen Leitlinien und Regelungen ein offenes Informations- und Kommunikationsverhalten des Führungsverantwortlichen festgeschrieben sowie in der Leistungsbeurteilung und Laufbahnplanung der leitenden Angestellten die erfolgreiche Teilnahme ihrer Mitarbeiter berücksichtigt werden. Der Übergang hierzu lässt sich durch Personalentwicklungsmaßnahmen vorbereiten und begleiten. Dabei stehen nicht in erster Linie fachliche, sondern jene Bestrebungen im Vordergrund des Interesses, welche die Persönlichkeit und die sozialen Kompetenzen der Führungskräfte stärken. Diese sollen dabei helfen, das derzeitige, sich oft an überholten Prinzipien orientierende Hierarchie-, Bereichs-, Macht-, Besitzstandsdenken zu überwinden und den Pfad zu einem neuen Führungs- und Machtverständnis zu ebnen.

Wenn die hier ausgeführten Voraussetzungen fehlen, so wird das Management im Zusammenhang mit der verstärkten Nutzung des Ideenpotenzials der Mitarbeiter – so erstaunlich dies auch klingen mag – weiterhin zu den am schwersten zu umgehenden Engpassfaktoren zählen.

6.3.4 Ausgewogene Anreizsysteme

Gegenüber höheren Prämienzahlungen (und anderen Anreizmitteln) ist man vielerorts nicht abgeneigt (vgl. Punkt 10). Doch wird verschiedentlich vor der Gefahr eines auf Seiten der Mitarbeiter immer stärker anwachsenden Anspruchsniveaus gewarnt. Nach Ansicht einiger Respondenten sollten die Betriebsangehörigen aufgrund ihres Interesses an der Innovationsaufgabe (und an ihrer Arbeit im Allgemeinen), kreative Vorstöße wagen. Ihrer Meinung nach wäre somit zu wünschen, dass arbeitsinhaltliche und nicht in erster Linie monetäre Anreize (und hier insbesondere Prämien) die Mitarbeiter zur Teilnahme am Verbesserungsprozess veranlassen. Dieser Position ist in ihren Grundzügen zuzustimmen. Allerdings dürfen dabei verschiedene Punkte nicht übersehen werden: Es trifft zwar zu, dass man im Allgemeinen den immateriellen Belohnungsformen in den Unternehmungen nur eine untergeordnete Stellung einräumt und sie entsprechend selten einsetzt. Deshalb sollten auch nicht-monetäre Anreize wie die persönliche Anerkennung, die Chance zur schöpferischen Mitarbeit in Projekten, die Mitwirkung an der Realisierung des eigenen Verbesserungsvorschlags, die Teilnahme an Weiterbildungsveranstaltungen und Messebesuchen, die Übertragung von herausfordernden Aufgaben und dergleichen vermehrt zur Motivierung der Mitarbeiter herangezogen werden. Dies kommt jedoch nicht einer Aufforderung gleich, nun im Gegenzug gänzlich auf monetäre Stimuli zu verzichten. Dazu sei folgendes Argument eingebracht: Es dürfte nur selten altruistische Mitarbeiter geben, für die das Wohl ihrer Unternehmung und die anstandslose Erfüllung der ihnen übertragenen Aufgaben einem tieferen Lebenssinn gleichkommen, für den sie in selbst aufopfernder Manier bereit sind, eine asketische Lebensweise zu ertragen. Ebenso wenig mögen egoistische und habgierige Betriebsangehörige bekannt sein, die in der Unternehmung und in ihrer Arbeit nur ein Mittel zum größtmöglichen Gelderwerb erkennen, der es ihnen erlaubt, einen verwöhnten, ja luxuriösen Lebensstil zu führen. Eine derart polarisierende Unterscheidung wird der sehr nuancierten menschlichen Natur nicht gerecht. Bei der Gestaltung eines Anreizsystems, das sich an den Bedürfnissen der Betriebsanghörigen ausrichtet, ist diesem Umstand Rechnung zu tragen. Daraus folgt: Zwischen den beiden oben genannten (und anderen) Polen ist eine entsprechende Ausgewogenheit anzustreben. Zur Beibehaltung monetärer Anreize (insbesondere der Prämien) lässt sich auch ein weiteres Argument anführen: In einer Zeit, in der viele Unternehmungen versuchen, Leistungslohnkomponenten einzuführen, ist nicht einzusehen, weshalb von einer finanziellen Honorierung erfolgreicher BVW-Aktivitäten abgesehen werden sollte. Hier wird individuelle oder kooperative Leistung belohnt!

Gegenüber dem Bestreben, die direkten Vorgesetzten an den Prämien der Einreicher von Verbesserungsvorschlägen teilhaben zu lassen oder den Gutachtern eine Belohnung für ihre Dienste auszusprechen, ist man in den befragten Unternehmungen eher skeptisch eingestellt. Immerhin ziehen 15 Respondenten diese

Möglichkeit in Erwägung oder haben sie bereits umgesetzt. Wenn man bedenkt, dass noch vor kurzer Zeit eine Belohnung für diese Personengruppen fast überall kategorisch abgelehnt wurde, so ist diese Zahl als gewichtige Veränderung zu werten; man ist zumindest daran, mit einem alten Tabu zu brechen. Dennoch muss auf diesem Gebiet noch mehr geschehen: Denn bei der Analyse von BVW-Problemen ist klar zum Vorschein gekommen, dass die Vorgesetzten und Gutachter einen sehr ernstzunehmenden Engpassfaktor darstellen. Es ist daher nach neuen Möglichkeiten zu suchen, um diese Personengruppen für das BVW zu gewinnen. Auch bei der Gestaltung eines bedürfnisorientierten (materiellen und immateriellen) Anreizsystems ist somit Einfallsreichtum gefragt. Die erhaltenen Antworten legen generell die Vermutung nahe, dass man sich in diesem Zusammenhang in den befragten schweizerischen Unternehmungen mit dem Status quo meist zufrieden gibt.

6.4 Fortlaufende Kontrolle und Weiterentwicklung

Mit jeder Krise entstehen auch neue Chancen. Das BVW stellt ein bewährtes Mittel dar, um die sich neu eröffnenden Wege aus einer unbefriedigenden, verbesserungsfähigen Situation frühzeitig zu erkennen und zu beschreiben. Damit diese Einrichtung ihre potentielle Wirkung als Instrument zur basisgetragenen Verbesserung und Innovation in kleinen, aber kontinuierlichen Schritten jedoch auch tatsächlich voll zur Entfaltung bringt, muss sie professionell geführt werden. Bei jeder halbherzigen und nicht-fachmännischen Handhabung besteht die Gefahr, dass mit diesem Instrument ein Schaden angerichtet wird, der den gestifteten Nutzen übertrifft.

Darüber hinaus gilt es zu beachten, dass kein Instrument, selbstverständlich auch nicht das Vorschlagswesen, verabsolutiert oder unter Denkmalsschutz gestellt werden darf. Die Wirtschaftlichkeit, Akzeptanz und Zweckmäßigkeit sind fortlaufend zu prüfen und zu beeinflussen (Controlling), und von Zeit zu Zeit erscheint eine umfassende Systemprüfung (Auditing) angebracht. Erfahrungen fremder Unternehmungen und Kulturen können dabei als Vergleichs- und Diskussionsbasis herangezogen werden. Aus ihnen lassen sich hilfreiche Anregungen für die Gestaltung und Weiterentwicklung des eigenen BVW-Konzeptes gewinnen. Vor unreflektierten Imitationen sollte man sich jedoch hüten, denn jede Unternehmung muss ihre eigenen Mittel und Wege suchen und finden, um die Veränderungsbereitschaft und Kreativität seiner (Basis-)Angehörigen systematisch zu fördern und zu nutzen.

7. Entwicklungstendenzen im Vorschlagswesen/Ideenmanagement nach dem Jahr 2000[2]

Die Entwicklung des Betrieblichen Vorschlagswesens (BVW) lässt sich über mehr als 120 Jahre zurückverfolgen. Seit seiner Entstehung um 1880 (vgl. Spahl 1990: 178 f.) haben sich die Ziele, die Unternehmen mit dieser Einrichtung verfolgen, verlagert. Wurde das BVW anfangs vor allem als Rationalisierungsinstrument eingesetzt, stehen heute viel stärker soziale Ziele im Vordergrund; das Vorschlagswesen hat sich zu einem wirksamen Führungsinstrument entwickelt (vgl. Wuppertaler Kreis e. V. 1997: 40). Der Grundgedanke, die Nutzung von Ideen und Verbesserungsvorschlägen (VV) der Mitarbeitenden, ist dabei stets erhalten geblieben.

Bei eingehender Betrachtung der Entwicklung des BVW in den letzten Jahren, lassen sich verschiedene Tendenzen feststellen. Sie reichen von der Forderung nach Abschaffung des BVW bis hin zu Einschätzungen, die das Vorschlagswesen als Teil eines umfassenden Managementkonzeptes sehen. Es stellt sich also die Frage, in welche Richtung die Entwicklung gehen soll; dass eine solche Entwicklung nötig ist, scheint evident und in den meisten Unternehmen auch seit Langem erkannt. Aber ob eine Anpassung in Details ausreicht oder ob es einer Integration bzw. völligen Neuausrichtung des Instruments bedarf, ist oft unklar.

Um bei diesen Entscheidungen Hilfestellung leisten zu können, haben Thom/Habegger in einer umfangreichen Literaturanalyse die aktuellen Entwicklungen im Betrieblichen Vorschlagswesen untersucht. Anhand von exemplarischen Expertengesprächen wurden die einzelnen Trends anschließend hinsichtlich ihrer Relevanz für die Praxis überprüft. In diesem Zusammenhang konnten auch Fragen zu den allgemeinen Bedingungs- und Handlungsgrößen des Vorschlagswesens beantwortet werden (vgl. Habegger 2002).

---

2 Eine erste Version dieses Kapitels erschien in Thom/Habegger 2003. Wir danken der Schriftleitung für die freundliche Genehmigung (11. 06. 2003) zur Wiederverwendung des Textes in diesem Buch.

Bei den befragten Experten handelt es sich um die BVW/Ideenmanagement-Beauftragten eines internationalen Chemiekonzerns, bei dem gerade ein Ideenmanagement eingeführt wurde, eines Flugzeugbauunternehmens mit einer langen und sehr erfolgreichen BVW-Geschichte sowie einer Regionalbank, bei der das Vorschlagswesen im Rahmen einer Umgestaltung zum Ideenmanagement vor kurzem neu belebt wurde. Es sind bewusst Betriebe aus unterschiedlichen Branchen ausgewählt worden, um Ähnlichkeiten, Unterschiede und Probleme hinsichtlich des Vorschlagswesens zu eruieren und in eine Prognose für dessen allgemeine Entwicklung einfließen zu lassen.

Im Folgenden werden diejenigen Entwicklungstendenzen aufgezeigt, die durch die Experteninterviews bestätigt werden konnten. Aussagen aus dem 6. Kapitel werden teils verstärkt, teils modifiziert. Im Anschluss daran werden Gestaltungsempfehlungen abgeleitet und ein erweiterter Bezugsrahmen vorgestellt.

7.1 Entwicklungstendenzen im Vorschlagswesen

7.1.1 *Ausweitung des Teilnehmerkreises auf Führungskräfte*

Fragt man Führungskräfte, wie sie das Feedback ihrer eigenen Vorgesetzten einschätzen, falls sie selber Verbesserungsvorschläge einreichen könnten, rechnen viele mit eher negativen Reaktionen (vgl. von Bismarck 1999: 52). Als Ursache dafür kann gelten, dass den Führungskräften von ihren Vorgesetzten und der Unternehmensleitung nicht vermittelt und vorgelebt wird, dass auch sie selbst Vorschläge einreichen könnten und sollten. Die bei Siemens Anfang der 90er Jahre des 20. Jahrhunderts von Gasior durchgeführte Studie über Mitarbeiterinitiativen ergab, dass die Wahrscheinlichkeit, dass Mitarbeiter einen Verbesserungsvorschlag einreichen um 75 Prozent steigt, wenn Vorgesetzte VV fördern. Gehen die Vorgesetzten als gute Vorbilder voran und reichen selbst VV ein, steigt die Wahrscheinlichkeit sogar um 200 Prozent (vgl. Gasior 1996: 153 ff.).

Werden die Führungskräfte von der Vorschlagseinreichung ausgeschlossen, läuft das BVW Gefahr, negativ stigmatisiert und zu einem reinen Instrument für rangtiefe Mitarbeitende degradiert zu werden. Ziel sollte es daher sein, auch Führungskräfte als Teilnehmer ins Vorschlagswesen zu integrieren. Auf diese Weise können sie ihre Vorbildfunktion gegenüber den Mitarbeitenden voll wahrnehmen und dafür sorgen, dass diese sich ernst genommen fühlen, wenn sie Vorschläge einreichen. Unternehmen können es sich in der Regel nicht mehr erlauben, auf Anregungen ihrer hoch qualifizierten Führungskräfte zu verzichten und somit viel Fachwissen und Kreativität ungenutzt zu lassen.

7.1.2 Verbesserungsvorschläge aus dem eigenen Arbeitsbereich

Damit ein Verbesserungsvorschlag vorliegt, muss es sich – wie bereits erwähnt – bei den Anregungen und Ideen der Mitarbeitenden um eine Sonderleistung handeln, die über ihre Dienstpflicht hinausgeht, d. h. um eine Leistung, die nicht ihren eigenen Aufgaben- und Kompetenzbereich betrifft. Dass dadurch das reiche Erfahrungswissen der Mitarbeitenden über ihr eigenes Aufgabenfeld ungenutzt bleibt, liegt auf der Hand; denn gerade am eigenen Arbeitsplatz ist jeder Einzelne ein Spezialist, der mit den Arbeitsabläufen und den herrschenden Bedingungen am besten vertraut ist. Hier sind die größten Erfolge zu erwarten (vgl. Eich 1999: 179). Aber anstatt sich intensiv Gedanken darüber zu machen, wie die eigene Arbeitssituation verbessert werden könnte, werden die Mitarbeitenden dazu „gezwungen", in den Gebieten von Kollegen und Vorgesetzten zu recherchieren und zu riskieren, dass diese als unaufmerksam und unbeteiligt gelten und sie selbst als Eindringlinge dastehen. Normalerweise gehören Verbesserungsvorschläge, die den eigenen Arbeitsbereich betreffen, zu den regulären Pflichten eines jeden Mitarbeiters; den Unterschied zwischen Sonderleistung und geschuldeter Leistung bestimmt letztlich eine BVW-Kommission. Durch die Ausgrenzung des eigenen Aufgabenbereiches werden viele Mitarbeitende davon abgehalten, ihre Ideen zu kommunizieren, da Unklarheit über die Anforderungshöhe an einen VV herrscht. Aus diesem Grund gehen viele gute Ideen und Anregungen verloren, die sonst weitergeleitet, bearbeitet und u. U. umgesetzt werden könnten (vgl. Anic 1998: 35). Auf jeden Fall stellen alle Ideen von Mitarbeitenden eine Sonderleistung dar, die von dieser Person selbst im Rahmen ihrer eigenen organisatorischen Kompetenzen nicht hätte umgesetzt werden können. Dies trifft oft auch auf den eigenen Arbeitsbereich zu.

7.1.3 Gruppenarbeit

Um möglichst viele Mitarbeitende zu VV zu animieren, können u. a. teilautonome Arbeitsgruppen oder Qualitätszirkel eingesetzt werden, die in Gruppenarbeit die betrieblichen Abläufe und Ergebnisse innovieren sollen. Ihre Mitglieder sollen und wollen zusammenarbeiten und im Sinne einer kontinuierlichen Verbesserung lernen, den besten Weg zu finden, um ihre verschiedenen Aufgaben möglichst optimal durchzuführen. Wenn die gemeinsam erarbeiteten Verbesserungen letztlich prämiert werden, so stehen diese Anreize der gesamten Gruppe zu.

Als Grund für die zunehmende Beliebtheit von Gruppenvorschlagssystemen kann sicher gelten, dass sie helfen, persönlichkeitsbedingte Barrieren der Vorschlagseinreichung zu überwinden (vgl. Kiendl/von Bismarck 2000: 39). Gerade die Risikobarriere (die Barriere des *Nicht-Wagens*) verliert durch die Arbeit in Gruppen ihre hemmende Wirkung. Personen, die aus Angst vor Nachteilen ihre Ideen normalerweise für sich behalten würden, fühlen sich durch den Rückhalt der Gemeinschaft gestärkt und können so zur Einreichung eines erfolgversprechenden Vorschlages beitragen. Auf diese Weise steigt die Beteiligung am Vorschlagswesen, da auch Mitarbeitende Gedanken äußern, die vorher niemals einen eigenen Vorschlag eingereicht hätten. Dazu kommt, dass der Einzelne bei der gemeinsamen Vorschlagseinreichung nicht mehr gegen die Interessen seiner Gruppe oder Abteilung handelt und individuelle Vorteile aus der Prämierung zieht, sondern dass durch die Gruppenarbeit die Kooperation, Kommunikation und Leistungsbereitschaft aller Mitarbeitenden gefördert wird.

Mit kreativen Gruppenarbeitsmodellen wird den menschlichen Bedürfnissen nach Selbstständigkeit und Selbstverwirklichung am Arbeitsplatz sowie nach sozialen Kontakten mit anderen Menschen die entscheidende Bedeutung beigemessen. Es werden Bedingungen geschaffen, die eigenverantwortliches Tun und die Entfaltung der Fähigkeiten der Mitarbeitenden in Abstimmung mit anderen gleichberechtigten Kollegen erlauben (vgl. Anic 1998: 56).

7.1.4 Ideendatenbanken

Ein weiterer Trend, der sich deutlich in der jüngeren Literatur zum BVW abzeichnet, ist die Verwaltung bzw. Einreichung der Verbesserungsvorschläge in bzw. über Ideendatenbanken (vgl. o. V. 2000: 17). Die Mitarbeitenden fühlen sich auf diese Weise nicht bevormundet, Vorgesetzte betrachten sich eher als Förderer und weniger als Behinderer des Vorschlagswesens. Sie erhalten automatisch von der Eingabe ihrer Mitarbeitenden Kenntnis und werden zu Besprechungen herangezogen. Eine Vorschlagsbearbeitung über eine Ideendatenbank könnte folgendermaßen aussehen: Dem Einreicher wird elektronisch für seinen Vorschlag gedankt, der innerhalb von 20 Arbeitstagen beantwortet und selbst ohne Realisierung mit einer Telefonkarte über zehn Franken honoriert wird. Der Vorschlag wird anschließend in der Ideendatenbank gespeichert und nach zwei Jahren erneut einer Prüfung unterzogen; in zwei Jahren mag sich viel geändert haben, so dass eine der vorrätigen Ideen nun unter Umständen umgesetzt werden kann.

Gerade Aspekte wie Laufwege und Terminüberwachung, die im herkömmlichen BVW oft Probleme bereiten, können bei einer elektronischen Verarbeitung optimiert werden und sich somit vom bisherigen Nachteil zum neuen Vorteil entwickeln.

7.1.5 Ideenmanagement

Nach einer engen Auffassung versteht man unter Ideenmanagement ein mit den Führungsgrundsätzen eines Unternehmens übereinstimmendes Instrument der Unternehmensführung. Es dient der Förderung und Nutzung von Erfahrungswerten und Kreativitätspotenzialen aller Mitarbeitenden, um einerseits durch Problemlösungen fast laufend zu optimieren und andererseits durch die Nutzung von Ideen Innovationen herbeizuführen (vgl. Urban 1993: 110). Das Ideenmanagement stellt ein integriertes Konzept dar, welches das BVW, das Patentwesen, Qualitätszirkel, Projektteams, teilautonome Arbeitsgruppen, den KVP etc. zu einem ganzheitlichen System zusammenfasst (vgl. Anic 1998: 74; Läge 2002: 2). Die Aufgabe eines effizienten Ideenmanagements besteht darin, eine möglichst optimale Ausgangslage für diese Konzepte zu schaffen und sie miteinander zu verknüpfen. Das Bewusstsein der Notwendigkeit zur Zusammenarbeit soll geweckt und gefördert sowie das Ideenpotenzial der Mitarbeitenden ausgeschöpft werden, damit sie immer mehr eine unternehmerische Denkweise entwickeln.

Die Idee der Weiterentwicklung des Betrieblichen Vorschlagswesens zum bzw. die Integration in ein umfassendes Ideenmanagement ist nicht neu (vgl. Spahl 1975), wurde aber in jüngerer Vergangenheit verstärkt wieder aufgegriffen und vertieft. Schon Heidack und Brinkmann stellten 1984 zehn Thesen für eine Fortentwicklung zum Ideenmanagement auf, das über einzelne Zwischenschritte erreicht werden kann (vgl. Heidack/Brinkmann 1984: 43). Einige dieser Thesen wurden zum Teil in den oben genannten Entwicklungen im BVW bereits angesprochen, wie z. B. die Intensivierung des Gruppenvorschlagswesens.

Wenn heute statt von BVW immer häufiger von Ideenmanagement gesprochen wird, so werden damit zwei Tendenzen hervorgehoben (vgl. Der Bund 2000: 19). Mit dem Wort „Idee" wird der kreative Charakter der Einrichtung betont. Mit dem zweiten Teil des Begriffes soll unterstrichen werden, dass das Vorschlagswesen eine Managementaufgabe ist (vgl. Läge 2002: 30). Das Betriebliche Vorschlagswesen mit seinen verschiedenen Aktionsparametern soll jedoch nicht durch ein Ideenmanagement ersetzt, sondern es soll vielmehr Neues mit Bewährtem kombiniert und in einen umfassenden Innovationsprozess sowie in ein umfassendes Innovationsinstrumentarium (vgl. das vorliegende Werk) integriert werden.

7.1.6 Schnelle Bewertung der Verbesserungsvorschläge

Der Bedeutung einer schnellen Bewertung von VV für die Motivation der Mitarbeitenden und das erfolgreiche Funktionieren des BVW ist man sich schon lange bewusst; nur an der Umsetzung hapert es. Zum einen soll die Schnellbewertung zu einer Produktivitätssteigerung und zum anderen zu einer Verbesserung der Arbeitsmotivation führen (vgl. Berg/Goldgräbe 1999: 25). Durch die direkte Rückmeldung, Prämierung und vor allem Umsetzung von Vorschlägen erleben die Mitarbeitenden ihre konkreten Einflussmöglichkeiten sehr positiv. Nur wenn die Führungskräfte dem Verbesserungsprozess auch die nötige Aufmerksamkeit und eine hohe Priorität einräumen, dem Einreicher bei Verbesserungsideen helfen und ihn beraten, wird ihnen die Bedeutung und die Wirkung ihres Einsatzes wirklich bewusst. Eine positive Schnellbewertung setzt also voraus, dass die Führungskräfte sie als Motivations- und Anreizinstrument nutzen.

7.2 Zwischenbilanz

Aufgrund der Bemühungen um die Anpassung und Weiterentwicklung des Betrieblichen Vorschlagswesen, die vor allem in den letzten Jahren beobachtet werden konnten, wird der Stellenwert deutlich, welchen das Instrument immer noch für die Unternehmen hat. Dieser Umstand wird durch die Tatsache verstärkt, dass diejenigen Personen, die als oberste Instanz für das BVW/Ideenmanagement zuständig sind, öfter zur Geschäftsleitung gehören – oder ihr sehr nahe stehen – und somit den Anliegen und Nöten dieser Einrichtung entsprechend Gewicht verleihen können. Die Akzeptanz auf der Führungsebene ist groß und hat in den letzten Jahren sogar noch zugenommen; sie muss allerdings vermehrt an die Mitarbeitenden im Unternehmen vermittelt werden, um auch auf den unteren Hierarchieebenen dem Ideenmanagement zu seiner verdienten Bedeutung zu verhelfen.

Das Ideenmanagement, als Weiterentwicklung des Betrieblichen Vorschlagswesens, ist wie sein Vorläufer ein Instrument, das die Kreativität im Unternehmen fördert und den gezielten Umgang mit Ideen und Verbesserungsvorschlägen sicherstellt. Die klassischen Ziele des BVW, zu denen z. B. Kosteneinsparungen, Erhöhung der Arbeitssicherheit, Erleichterung der Arbeit oder Qualitätsverbesserungen gehören, gelten immer noch, haben aber gegenüber den „modernen", sozialen Zielen eines Ideenmanagements, wie Motivation der Mitarbeitenden und deren Bindung an das Unternehmen sowie Vermittlung von Anerkennung und Wertschätzung, relativ an Bedeutung verloren.

Das Ideenmanagement ist spontaner, transparenter und unbürokratischer geworden und hat sich von starren Aufbau- und Ablauforganisationen gelöst. Die Bedeutung immaterieller Anreize und einer schnellen und transparenten Bewertung der Verbesserungsvorschläge kann als ausschlaggebend für seinen Erfolg bezeichnet werden. Die Möglichkeit, Ideen an mehrere Personen und auf verschiedene Arten und Wege einzureichen ist ebenso wichtig wie die Ausweitung des Rahmens der einreichbaren VV auf den eigenen Arbeitsbereich. Dadurch und durch die stärkere Verfolgung sozialer Ziele hat das Ideenmanagement für die Unternehmen wieder an Attraktivität gewonnen und sich zu einem Motivations- und Personalerhaltungsinstrument entwickelt.

Der Vergleich des Ideenmanagements, wie es sich in der Fachliteratur und in der Praxis präsentiert, hat eine Übereinstimmung in vielen Punkten gezeigt (z. B. die Wichtigkeit von Gruppenarbeit sowie die gestiegene Bedeutung sozialer Ziele). Es hat sich jedoch auch herausgestellt, dass im Laufe der letzten Jahre einige Aspekte an Einfluss verloren (z. B. branchenabhängig die Umweltdynamik) und wieder andere an Einfluss gewonnen haben (z. B. schnelle und transparente Bewertung der Vorschläge und Ideen). Besonders wichtig ist die Tatsache, dass der Begriff des Ideenmanagements in der Fachliteratur anders definiert wird als in der Praxis, wo darunter in der Regel eine informelle, flexible, spontane, unbürokratische und administrativ vereinfachte Version des früheren Vorschlagswesens verstanden wird und noch nicht ein integriertes Konzept, welches das BVW mit anderen Konzepten der Mitarbeiterkreativität zusammenfasst und ideale Rahmenbedingungen für deren Anwendung schafft. Der Terminus des Ideenmanagements hat sich zweifellos in der Praxis durchgesetzt und die Bezeichnung „Betriebliches Vorschlagswesen" in vielen Institutionen abgelöst.

Den Veränderungen und Entwicklungen des Betrieblichen Vorschlagswesens/Ideenmanagements soll abschließend durch die Anpassung des Bezugsrahmens von Thom Rechnung getragen werden. Ein Bezugsrahmen dient dem besseren Verständnis für die Zusammenhänge und zeigt den Verantwortlichen Ansatzpunkte für ein effizientes Handeln (Einsatz der Aktionsparameter) auf.

7.3 Erweiterter Bezugsrahmen

In die Anpassung des Bezugsrahmens (vgl. die Ausgangsbasis bei Thom 1996) fließen folgende Aspekte ein (für diejenigen Aspekte, die im vorliegenden Kapitel nicht erläutert wurden vgl. Habegger 2002):

- Eine erhöhte Bedeutung der gesetzlichen und politischen Vorgaben bei den „Außerbetrieblichen Bedingungen"
- Gestiegener Einfluss der Branchenunterschiede
- Große Bedeutung der Unternehmenskultur
- Werbung unter Einbezug verschiedener Medien
- Stark gestiegene Bedeutung immaterieller Anreize
- Einfluss des offenen Vorgesetztenmodells mit mehreren Möglichkeiten für die Einreichung von Vorschlägen und Ideen
- Bedeutung einer schnellen und transparenten Bewertung der VV
- Vorhandensein von Ideendatenbanken
- Verbesserungsvorschläge aus dem eigenen Arbeitsbereich

Die Anpassungen und Änderungen im Bezugsrahmen werden im Folgenden *fettkursiv* dargestellt, um einen Vergleich mit dem bisher bestehenden Bezugsrahmen zu ermöglichen.

Abb. 12: Erweiterter Bezugsrahmen für das BVW/Ideenmanagement

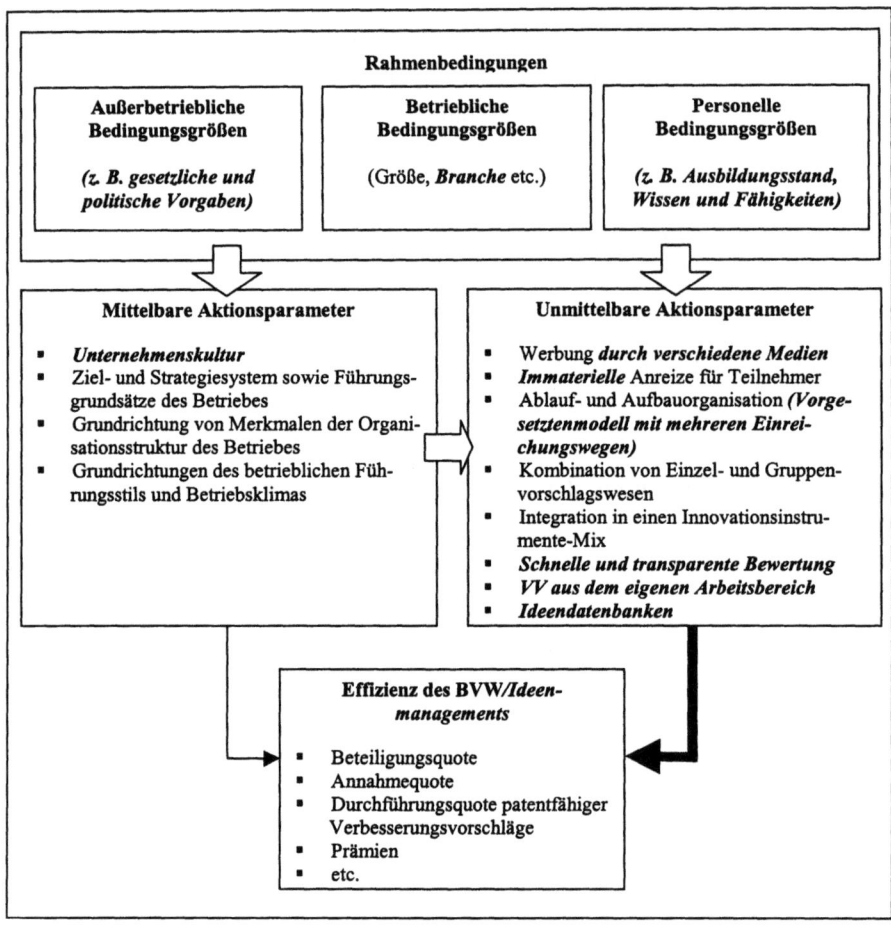

Die abschließende Prognose der Entwicklung des Ideenmanagements resultiert aus den Erkenntnissen, welche die Autoren Thom/Habegger aus der Literaturanalyse sowie aus den persönlichen Prognosen der befragten Ideenmanagement-Experten gewonnen haben.

Mit der Einführung eines Ideenmanagements haben in den letzten Jahren viele Unternehmen (vgl. auch die Beiträge im Sammelwerk von Frey/Schulz-Hardt 2000) versucht, das mancherorts eingeschlafene Betriebliche Vorschlagswesen wieder zu beleben. Entscheidend bei diesem Neuaufbruch waren die Vereinfachung und Entbürokratisierung des bestehenden Systems sowie die Erhöhung der Akzeptanz bei allen Mitarbeitenden. Diesen beiden Aspekten wird auch für die Zukunft des Ideenmanagements eine große Bedeutung zukommen. Die Anstrengungen der verantwortlichen Personen in den Unternehmen werden sich noch stärker auf die Schaffung eines transparenten, spontanen, unbürokratischen und flexiblen Systems konzentrieren, dessen Administration durch die Einführung von Ideendatenbanken vereinfacht und beschleunigt wird. Um dieses Vorhaben zu unterstützen, bedarf es einer offenen und fairen Unternehmenskultur, die alle Mitarbeitenden als wertvollste Unternehmensressource begreift, ihnen die Chance bietet und sie dazu animiert, sich selbst durch Vorschläge einzubringen. Die Einsicht, dass es sich bei Verbesserungen und Ideen in den Köpfen der Mitarbeitenden um eine Hol- und nicht um eine Bringschuld handelt, ist dabei elementar.

Aufgrund der aufgezeigten Veränderungen und Entwicklungen wird sich das Ideenmanagement in Zukunft noch stärker zu einem Führungs- und Personalerhaltungsinstrument entwickeln, dessen oberste Ziele in der Anerkennung und Wertschätzung der Mitarbeitenden sowie in deren verstärkter Identifikation mit dem Unternehmen liegen. Auch die in den letzten Jahren hervorgehobene Bedeutung des Wissensmanagements (vgl. u. a. Probst/Raub/Romhardt 1999) führt zu einer Wiederentdeckung der Möglichkeiten des Verbesserungs- und Ideenmanagements (vgl. Jarke/Klamma 2003), das implizite (nicht artikulierte) Wissen in den Köpfen explizit (kommunizierbar) und betrieblich produktiv zu machen.

Anhang

Anhangsverzeichnis

Anhang A:
Deutschsprachige Institutionen auf dem Gebiet des Vorschlagswesens bzw. des Vorschlagsmanagements

Anhang B:
IDEE-SUISSE Muster-Reglement „Vorschlagswesen" (Empfehlung für die Schweiz)

Anhang C:
Muster-Klausel für die Abtretung von Rechten an Ideen aus dem Vorschlagswesen (Schweiz)

Anhang D:
Muster-Betriebsvereinbarung (Bundesrepublik Deutschland)

Anhang E:
Auszeichnung: IDEEN-OSKAR

Anhang A

Deutschsprachige Institutionen auf dem Gebiet des Vorschlagswesens bzw. Vorschlagsmanagements

1. Deutsches Institut für Betriebswirtschaft GmbH (DIB)
   Friedrichstraße 10-12
   D-60323 Frankfurt am Main

2. Österreichisches Produktivitäts- und Wirtschaftlichkeits-Zentrum (ÖPWZ)
   Arbeitsgemeinschaft Ideenmanagement
   Rockgasse 6, Postfach 131
   A-1014 Wien

3. Schweizerische Arbeitsgemeinschaft für Verbesserungsprozesse (SAV)
   Postfach 112
   CH-8640 Kempraten

4. IDEE-SUISSE – Schweizerische Gesellschaft für Ideen- und Innovationsmanagement
   Technopark, Technopark-Straße 1
   CH-8005 Zürich

> Erfahrungen anderer sind kostbar, eigene Erfahrungen sind kostspielig!
> (Günther Höckel)

Anhang B

IDEE-SUISSE Muster-Reglement „Vorschlagswesen"
(Empfehlung für die Schweiz)

Ausgearbeitet vom:
IDEE-SUISSE Arbeitskreis „Vorschlagsmanagement"

Muster-Reglement

1. **Ziel und Zweck**

    1.1 Das Vorschlagswesen hat zum Ziel, die schöpferischen Kräfte in der Unternehmung zu mobilisieren und das Interesse am täglichen Betriebsgeschehen zu fördern.

    1.2 Das Vorschlagswesen dient dem Zweck, Ideen nutzbar zu machen und ihre angemessene Anerkennung zu sichern.

2. **Verbesserungsvorschlag**

    2.1 Ein Verbesserungsvorschlag ist eine Idee, die auf der Basis einer freiwillig erbrachten Sonderleistung auf eine Änderung, Verbesserung oder Neuerung eines Zustandes abzielt und mittelbaren oder unmittelbaren Nutzen bringt, wobei unter Nutzen nicht nur eine materielle, sondern auch eine ideelle Verbesserung bzw. Neuerung zu verstehen ist (Definition IDEE-SUISSE).

    2.2 Verbesserungsvorschläge können alle Bereiche des Betriebes oder der Verwaltung betreffen.

    2.3 Nicht als Verbesserungsvorschläge gelten solche Ideen, die auf die Geschäftspolitik Bezug nehmen.

3. Teilnahmeberechtigung

    3.1   Berechtigt zum Einreichen von Vorschlägen sind alle Mitarbeiterinnen und Mitarbeiter, einschließlich Lehrlinge (Auszubildende), Praktikanten, Pensionierte und Teilzeit- bzw. temporär angestellte Mitarbeiter.

    3.2   Ein Vorschlag kann von einer Person (Einzelvorschlag) oder von mehreren Personen (Gruppenvorschlag) eingereicht werden.

4. Einreichung

    4.1   Ein Vorschlag kann schriftlich eingereicht oder beim Beauftragten für das Vorschlagswesen mündlich vorgetragen werden.

    4.2   Zuständig für die Entgegennahme von Vorschlägen ist der Beauftragte für das Vorschlagswesen.

    4.3   Wünscht der Einreicher, dass sein Vorschlag anonym behandelt wird, so ist das besonders zu vermerken.

5. Organe

5.1 Beauftragter für das Vorschlagswesen
Die Geschäftsführung nominiert den Beauftragten für das Vorschlagswesen. Dieser bearbeitet die eingereichten Vorschläge und trägt die Verantwortung für ihre ordnungsgemäße Behandlung. Er hat die Einreicher zu beraten, zusätzliche Abklärungen vorzunehmen, Gutachten zu veranlassen, die Sitzungen der Vorschlagskommission vorzubereiten, die Beschlüsse dieser Kommission auszuführen, für eine geeignete Werbung und Information zu

sorgen sowie jährlich einen Bericht mit Statistiken zur Information an die Geschäftsführung abzuliefern.

5.2 Vorschlagskommission

Die Geschäftsführung setzt eine Vorschlagskommission ein, die eine repräsentative Vertretung der Betriebs- und Verwaltungsbereiche zu sein hat. Ihr gehören auch je ein Mitglied der Betriebs-, Angestellten- und Kader-Kommission an. Ihre Aufgabe besteht darin, die eingereichten Vorschläge zu prüfen, zu bewerten und zu prämiieren. Sie entscheidet über die Annahme und die Ablehnung von Vorschlägen.

5.3 Gutachter

Gutachtern fällt die Aufgabe zu, die Vorschläge fachlich richtig und objektiv zu bewerten und auf ihre generelle Verwertbarkeit zu prüfen.

5.4 Vorschlagskontaktleute

Der Beauftragte für das Vorschlagswesen kann geeignete Mitarbeiter in größeren oder dezentralen Bereichen zu Vorschlagskontaktleuten ernennen. Diesen kommt die Aufgabe zu, den Mitarbeitern bei der Ausarbeitung von Vorschlägen zu helfen.

6. Bewertung

6.1 Die Bewertung von Vorschlägen richtet sich nach dem Prämienplan.

6.2 Mit Prämien werden solche Vorschläge bedacht, die realisiert werden und nicht ausschließlich in den Aufgaben- und Verantwortungsbereich des Einreichers fallen.

6.3 Die Prämien werden von der Vorschlagskommission aufgrund des gültigen Prämienplanes festgesetzt.

6.4 Anerkennungs- und Sachprämien können ausbezahlt werden:
   a) für Vorschläge, die auf eine weitere, im Vorschlag nicht angeführte, durchführbare Verbesserungsmöglichkeit hinweisen,
   b) für grundsätzlich richtige Anregungen und Vorschläge, die einen größeren Zeitaufwand bei der Ausarbeitung verursachten, aber – aus dem Einreicher nicht bekannten Gründen – nicht durchgeführt werden können,
   c) zur Aufmunterung im Rahmen einer weiteren Teilnahme am Vorschlagswesen.

6.5 Werden von verschiedenen Mitarbeitern gleiche oder ähnliche Vorschläge eingereicht, so ist nur der zuerst eingereichte Vorschlag prämienberechtigt.

6.6 Vorprämien werden nur dann ausbezahlt, wenn die zu erwartende Einführungszeit für diesen Vorschlag verhältnismäßig groß ist oder wenn erst nach Ermittlung der Erstjahresersparnis sowie der Einführungskosten eine Prämie ermittelt werden kann.

6.7 Treten bei der Durchführung innerhalb des ersten Anwendungsjahres wesentliche Aspekte auf, die bei der Entscheidungsfindung über die Prämienhöhe nicht zu Gunsten des Einreichers berücksichtigt worden sind, so kann spätestens bis zum Ablauf des zweiten Anwendungsjahres ein ergänzendes Prüfverfahren eingeleitet werden. Gleiches gilt bei Verfahrensfehlern in der Ablauforganisation des Vorschlagswesens oder bei Fehlberechnungen der Erstjahresersparnis oder der Prämienhöhe.

6.8 Wird ein Vorschlag von zwei oder mehreren Einreichern vorgenommen (Gruppenvorschlag), so erfolgt die Verteilung der Prämie oder der Sachzuwendung nach dem von den Einreichern gewünschten Aufteilungsmaßstab. Ist dieser nicht angegeben, so wird die Prämie zu gleichen Teilen ausgezahlt.

7. Prioritäten und Sperrfristen

7.1 Will eine Organisationseinheit die Priorität für eine Idee geltend machen, so hat sie diese gegenüber der Vorschlagskommission durch schriftliche Unterlagen nachzuweisen. Ist der Beweis erbracht, findet eine weitere Prüfung und Bearbeitung durch die Vorschlagskommission statt, wenn nicht, fällt eine weitere Prüfung dahin.

7.2 Wird ein zunächst abgelehnter Vorschlag später durchgeführt, so behandelt die Vorschlagskommission diesen Vorschlag unter Wahrung der Priorität des Einreichers erneut.

7.3 Sperrfristen für Vorschläge bestehen keine.

8. Realisierung

8.1 Der Beauftragte für das Vorschlagswesen überwacht die Realisierung der angenommenen Vorschläge, die durch die entsprechende Abteilung innerhalb einer vertretbaren Zeitspanne eingeführt werden müssen.

8.2 Kann ein angenommener und prämiierter Vorschlag in nützlicher Frist nicht eingeführt werden, so kann der Beauftragte für das Vorschlagswesen eine Begründung von den betreffenden Leitungsorganen verlangen.

8.3 Verbesserungsvorschläge dürfen ohne Einverständnis der Geschäftsführung nicht an Dritte weitergegeben werden.

8.4 Die Geschäftsführung kann dem Einreicher auf Antrag gestatten, seinen Verbesserungsvorschlag anderweitig zu verwerten.

9. Einspruchsrecht

9.1 Ist der Einreicher mit dem Entscheid der Vorschlagskommission nicht einverstanden, so hat er das Recht, innerhalb von einem Monat Einspruch beim Beauftragten für das Vorschlagswesen zu erheben. Der Einspruch bedarf einer Begründung

9.2 Ein besonderer Einspruchsausschuss (Rekurskommission), der sich aus dem Beauftragten für das Vorschlagswesen, einem Direktionsmitglied (Personalleiter) und je einem Mitglied der Betriebs- oder Angestellten- bzw. Kader-Kommission zusammensetzt, hat die Wiedererwägung zu behandeln. Der Entscheid ist endgültig.

9.3 Jeder Einreicher kann seinen Prämienanspruch erneut geltend machen, wenn ein von ihm eingereichter, aber abgelehnter Vorschlag unter gleichen oder ähnlichen Voraussetzungen zu einem späteren Zeitpunkt verwirklicht wurde. Sind zwischen der Ablehnung und der Realisierung mehr als zwei Jahre vergangen, so ist der Anspruch verjährt.

10. Erfindungen

10.1 Der Einreicher eines realisierbaren Verbesserungsvorschlages überträgt der Firma sämtliche Rechte zur uneingeschränkten Nutzung, soweit dies in einer Vereinbarung zwischen dem Einreicher und dem Arbeitgeber festgelegt wurde. Vorbehalten bleiben die gesetzlichen Ansprüche gemäß schweizerischen Rechts (Artikel 332 und 332a Obligationenrecht) und die Bestimmungen des Bundesgesetzes über das Urheberrecht (URG) vom 9. Oktober 1992.

10.2 Vorschläge, bei denen zu erwarten ist, dass sie Erfindungen (Arbeitnehmererfindungen) sind, müssen der zuständigen Patentabteilung zugeleitet werden. Über das Ergebnis der Beurteilung ist der Einreicher zu informieren.

10.3 Vorschläge, für die Schutzrechte beantragt wurden, aber nicht anerkannt werden, sind erneut als Verbesserungsvorschläge zu behandeln.

10.4 Weitere Einzelheiten hinsichtlich Arbeitnehmererfindungen sind in einem Spezialreglement geregelt.

11. Förderung

11.1 Die Förderung und Unterstützung des Vorschlagswesens zählt zu den Aufgaben eines jeden Mitarbeiters und besonders eines jeden Vorgesetzten.

11.2 Dem Einreicher eines Verbesserungsvorschlages dürfen, auch wenn durch diesen Fehler aufgedeckt werden, keine Nachteile entstehen oder Disziplinarmaßnahmen eingeleitet werden.

11.3 Einreicher von Vorschlägen, die während der Bearbeitungszeit ihres Vorschlages – aus welchen Gründen auch immer – aus der Unternehmung ausscheiden, behalten alle Rechte, die sich aus diesem Reglement ergeben.

12. Inkraftsetzung

12.1 Das vorliegende Reglement gilt für das gesamte Personal der Firma ...

12.2 Das vorliegende Reglement wurde am ... von der Geschäftsführung genehmigt und tritt am ... in Kraft.

12.3 Alle hängigen Vorschläge, die vor dem ... eingereicht wurden, werden nach den neuen Bestimmungen abgewickelt.

12.4 Alle bisherigen Reglemente, Anordnungen und andere Bestimmungen treten außer Kraft.

12.5 Die Geschäftsführung behält sich das Recht vor, dieses Reglement nach Anhören der Vorschlagskommission und der Betriebs-, Angestellten- und Kader-Kommission sowie auf deren begründeten Antrag hin jederzeit zu ändern.

Ort, Datum

Unterschriften: Unterschriften:

Betriebskommission   Geschäftsführung
Angestelltenkommission
Kaderkommission

Das vorliegende Muster-Reglement „Vorschlagswesen" wurde im Frühjahr 1984 vom IDEE-SUISSE Arbeitskreis „Vorschlagsmanagement" ausgearbeitet und 1994 den neuen gesetzlichen Bestimmungen angepasst. Es hat **Empfehlungscharakter**.

Anhang C

Muster-Klausel für die Abtretung von Rechten an Ideen
aus dem Vorschlagswesen (Schweiz)

Ausgearbeitet vom:
IDEE-SUISSE Arbeitskreis „Vorschlagsmanagement"

Erklärung

bezüglich zu realisierende Idee bzw. zu realisierenden Verbesserungsvorschlag Nr. ...

Unter Bezugnahme auf das Bundesgesetz über das Urheberrecht und verwandte Schutzrechte (URG) vom 9. Oktober 1992 – in Kraft seit 1. Juli 1993 – ist es notwendig, alle Urheberrechte an im Arbeitsverhältnis entwickelten Ideen und Verbesserungsvorschlägen bzw. an Fehlermeldungen, die dem Vorschlagswesen bzw. Ideenmanagement des Arbeitgebers vom Arbeitnehmer/von der Arbeitnehmerin eingereicht werden, durch folgenden Erklärung zu regeln:

(1) Es wird vereinbart, dass der/die Arbeitnehmer/in dem Arbeitgeber sämtliche Urheberrechte und/oder gewerbliche Schutzrechte sowie Arbeits- und Kreativitätsergebnisse, die nach dem 1. Juli 1993 in der Form einer Idee, eines Verbesserungsvorschlages und/oder Fehlermeldung bzw. sonstigen Hinweises an das Vorschlagswesen bzw. Ideenmanagement des Arbeitgebers als Einzelperson oder Gruppe, Zirkel, Team, Arbeitskreis usw. eingereicht werden, vollumfänglich eine Abtretung an den Arbeitgeber erfahren.

(2) Die unter Ziffer (1) beschriebene Abtretung betrifft alle zu realisierenden materiellen und/oder immateriellen Werte einer Idee, eines Verbesserungsvorschlages oder eines Hinweises, die bzw. der an das Vorschlagswesen bzw. Ideenmanagement des Arbeitgebers in mündlicher oder schriftlicher Form eingereicht wurde und in irgendeiner Art und Weise vom Arbeitgeber übernommen worden ist. In diesem Zusammenhang umfasst die Rechtsabtretung sämtliche in den Art. 9 bis 11 URG umschriebenen Rechte.

(3) Die Vergütung für die unter Ziffer (2) genannte Abtretung ist durch die ausbezahlte Prämie bzw. überreichte Anerkennung in Geld- oder Sachform abgegolten.

Mit vorstehender Erklärung bin ich einverstanden.

Ort und Datum   Unterschrift
                                 des/der Arbeitnehmers/in

Vorliegende Muster-Klausel wurde im IDEE-SUISSE Workshop „Vorschlagswesen und neues Urheberrechtsgesetz" vom 22. November 1993 als **Empfehlung** erarbeitet.

Anhang D

Muster-Betriebsvereinbarung
(Bundesrepublik Deutschland)

Ausgearbeitet vom:

IDEE-SUISSE Arbeitskreis „Vorschlagsmanagement"

(mit möglichst hoher Übereinstimmung
zum Anhang B)

Muster-Betriebsvereinbarung

Zwischen der Unternehmungsleitung der Firma ... und der Interessenvertretung der Mitarbeiterschaft wird auf Grundlage geltender gesetzlicher Bestimmungen nachstehende **Betriebsvereinbarung für das Vorschlagswesen** abgeschlossen:

1. Ziel und Zweck

    1.1 Das Vorschlagswesen hat zum Ziel, die schöpferischen Kräfte in der Firma ... zu mobilisieren und das Interesse am täglichen Unternehmungsgeschehen zu fördern.

    1.2 Das Vorschlagswesen dient dem Zweck, Ideen nutzbar zu machen und ihre angemessene Anerkennung zu sichern.

2. Geltungsbereich/Geltungsdauer

    2.1 Die Vereinbarung gilt für alle Betriebe und Einrichtungen der Firma ... .

    2.2 Nach Ablauf des ersten Jahres der Geltungsdauer kann die Vereinbarung unter Berücksichtigung neuer Erfahrungen auf ihre Wirksamkeit überprüft bzw. überarbeitet werden.

3. Verbesserungsvorschlag (VV)

    3.1 Ein VV ist eine Idee, die auf der Basis einer freiwillig erbrachten Sonderleistung auf eine Änderung, Verbesserung oder Neuerung eines Zustandes abzielt und mittelbaren oder unmittelbaren Nutzen bringt, wobei unter Nutzen nicht nur eine materielle, sondern auch ideelle Verbesserung bzw. Neuerung zu verstehen ist.

3.2 VV können alle Bereich der Firma ... betreffen.

3.3 Nicht als VV gelten solche Ideen, die auf die Unternehmungspolitik Bezug nehmen.

4. Teilnahmeberechtigung

4.1 Berechtigt zum Einreichen von VV sind alle Mitarbeiterinnen und Mitarbeiter, einschließlich Lehrlinge (Auszubildende), Praktikanten, Pensionierte und Teilzeit- bzw. temporär angestellte Mitarbeiter. Unter festzulegenden Kriterien sind auch Kunden und Lieferanten zum Einreichen von VV berechtigt.

4.2 Ein VV kann von einer Person (Einzelvorschlag) oder von mehreren Personen (Gruppenvorschlag) eingereicht werden.

5. Förderung

5.1 Alle Führungskräfte sind verpflichtet, innerhalb ihres Verantwortungsbereichs das Vorschlagswesen aktiv zu fördern.

5.2 Die Interessenvertretung der Mitarbeiterschaft unterstützt und fördert im Rahmen ihrer Aufgaben das Vorschlagswesen.

6. Einreichung

6.1 Ein VV kann schriftlich oder mündlich beim Beauftragten für das Vorschlagswesen eingereicht werden.
6.2 Es ist auch möglich, den VV über den direkten Vorgesetzten an den Beauftragten für das Vorschlagswesen einzureichen. Der Vorgesetzte ist zur Weitergabe des VV verpflichtet.

6.3 Wünscht der Einreicher, dass sein VV anonym behandelt wird, so ist das vom Einreicher besonders zu vermerken.

6.4 Beschäftigten, die einen VV einreichen, dürfen keine Nachteile entstehen.

7. Organe

7.1 *Beauftragter für das Vorschlagswesen*
Die Unternehmungsleitung nominiert im Einvernehmen mit der Interessenvertretung der Mitarbeiterschaft den Beauftragten für das Vorschlagswesen. Dieser bearbeitet die eingereichten VV und trägt die Verantwortung für ihre ordnungsgemäße Behandlung. Er hat die Einreicher zu beraten, zusätzliche Abklärungen vorzunehmen, Gutachten zu veranlassen, die Sitzungen der Vorschlagskommission vorzubereiten, die Beschlüsse dieser Kommission auszuführen, für eine geeignete Werbung und Information zu sorgen sowie jährlich einen Bericht mit Statistiken zur Information an die Unternehmungsleitung und die Interessenvertretung der Mitarbeiterschaft abzuliefern.

7.2 *Vorschlagskommission*
In Zusammenarbeit zwischen Unternehmungsleitung und Interessenvertretung der Mitarbeiterschaft wird eine paritätisch zusammengesetzte Vorschlagskommission eingerichtet. Ihre Aufgaben bestehen darin, die eingereichten VV zu prüfen, zu bewerten und zu prämieren. Sie entscheidet aufgrund von eingeholten Gutachten über die Annahme oder die Ablehnung von Vorschlägen.

7.3 *Gutachter*
Den Gutachtern fällt die Aufgabe zu, die VV fachlich richtig und objektiv zu bewerten und auf ihre generelle Verwertbarkeit zu prüfen.

7.4 *Vorschlagskontaktleute*

Der Beauftragte für das Vorschlagswesen kann unter Einbezug der Vorschlagskommission geeignete Mitarbeiter in größeren und/oder dezentralen (Teil-)Bereichen zu Vorschlagskontaktleuten ernennen. Diesen kommt die Aufgabe zu, den Mitarbeitern bei der Ausarbeitung von VV zu helfen.

8. Bearbeitung

8.1 Die eingereichten VV sind vom Beauftragten für das Vorschlagswesen zu registrieren. Dies ist dem Einreicher schriftlich zu bestätigen.

8.2 Der eingereichte VV ist dem fachlich zuständigen Gutachter zur Prüfung zu übergeben.

8.3 Der Beauftragte für das Vorschlagswesen bereitet die Unterlagen für die Beratung und Entscheidung in der Vorschlagskommission vor. Die Ergebnisse werden von ihm in einem Protokoll festgehalten.

8.4 Werden schutzfähige Merkmale an einem VV festgestellt, so sind vom Beauftragten für das Vorschlagswesen unverzüglich die erforderlichen Maßnahmen einzuleiten.

8.5 Der Beauftragte für das Vorschlagswesen hat den Einreicher über getroffene Entscheide zu informieren. Bei Ablehnung des VV bzw. einer Prämiierung hat er den Einreicher auf mögliche Rechtsmittel hinzuweisen.

8.6 VV, die nicht zur Realisation kommen, jedoch für die Firma ... einen hohen Wert besitzen, sind vom Beauftragten für das Vorschlagswesen unter Konsultation des Einreichers in eine Ideen-Bank aufzunehmen.

8.7 Die Gutachter haben, innerhalb von vier Wochen nach Eingang des VV, einen Entscheidungsantrag für die Beratung der Vorschlagskommission vorzubereiten. Dabei sind insbesondere einzubeziehen: Wirtschaftlichkeit, Zweckmäßigkeit, Durchführbarkeit, eventuell Art der Ermittlung der Prämie und voraussichtlicher Termin für eine Einführung des VV.

9. Bewertung

9.1 Die Bewertung von VV richtet sich nach dem Prämienplan.

9.2 Mit Prämien werden solche VV bedacht, die realisiert werden und nicht ausschließlich in den Aufgaben- und Verantwortungsbereich des Einreichers fallen. Ausnahmen sind unter Berücksichtigung besonderer Umstände möglich.

9.3 Die Prämien werden von der Vorschlagskommission aufgrund des gültigen Prämienplans festgesetzt. Dem Beauftragten für das Vorschlagswesen steht das Recht zu, Prämien bis zum Betrage von DM ... selbst festzulegen.

9.4 Anerkennungs- und Sachprämien können vergeben werden:
 a) für VV, die auf eine weitere, im Vorschlag nicht angeführte, durchführbare Verbesserungsmöglichkeit hinweisen,
 b) für grundsätzlich richtige Anregungen und Vorschläge, die einen größeren Zeitaufwand bei der Ausarbeitung verursachten, aber – aus dem Einreicher nicht bekannten Gründen – nicht durchgeführt werden können,
 c) zur Aufmunterung im Rahmen einer weiteren Teilnahme am Vorschlagsprogramm.

9.5 Werden von verschiedenen Mitarbeitern gleiche oder ähnliche Vorschläge eingereicht, so ist nur der zuerst eingereichte VV prämienberechtigt.

9.6 Vorprämien werden nur dann ausbezahlt, wenn die zu erwartende Einführungszeit für diesen VV verhältnismäßig groß ist, oder wenn erst nach Ermittlung der Erstjahresersparnis sowie der Einführungskosten eine Prämie berechnet werden kann.

9.7 Treten bei der Durchführung innerhalb des ersten Anwendungsjahres wesentliche Aspekte auf, die bei der Entscheidungsfindung über die Prämienhöhe nicht zu Gunsten des Einreichers berücksichtigt worden sind, so kann spätestens bis zum Ablauf des zweiten Anwendungsjahres ein ergänzendes Prüfverfahren eingeleitet werden. Gleiches gilt bei Verfahrensfehlern in der Ablauforganisation des Vorschlagswesens oder bei Fehlberechnungen der Erstjahresersparnis oder der Prämienhöhe.

9.8 Wird ein VV von zwei oder mehreren Einreichern vorgenommen (Gruppenvorschlag), so erfolgt die Verteilung der Prämie oder der Sachzuwendung nach dem von den Einreichern gewünschten Aufteilungsmaßstab. Ist dieser nicht angegeben, so wird die Prämie zu gleichen Teilen ausgezahlt.

10. Prioritäten und Sperrfristen

10.1 Will eine Organisationseinheit die Priorität für eine Idee geltend machen, so hat sie diese gegenüber der Vorschlagskommission durch schriftliche Unterlagen nachzuweisen. Ist der Beweis erbracht, findet eine weitere Prüfung und Bearbeitung durch die Vorschlagskommission statt, wenn nicht, fällt eine weitere Prüfung dahin.

10.2 Wird ein zunächst abgelehnter VV später eingeführt, so behandelt die Vorschlagskommission diesen Vorschlag unter Wahrung der Priorität des Einreichers erneut.

10.3 Sperrfristen für VV bestehen keine.

11. Realisierung

11.1 Der Beauftragte für das Vorschlagswesen überwacht zusammen mit dem Vorgesetzten, in dessen Bereich der VV fällt, die Realisierung des angenommenen VV.

11.2 Kann ein angenommener und prämierter VV in nützlicher Frist nicht eingeführt werden, so kann der Beauftragte für das Vorschlagswesen eine Begründung von den betreffenden Leitungsorganen verlangen.

11.3 Die Unternehmungsleitung kann unter Anhörung der Vorschlagskommission dem Einreicher auf Antrag gestatten, einen abgelehnten VV anderweitig zu verwerten.

12. Einspruchsrecht

12.1 Ist der Einreicher mit dem Entscheid der Vorschlagskommission nicht einverstanden, so hat er das Recht, innerhalb von einem Monat Einspruch beim Beauftragten für das Vorschlagswesen zu erheben. Der Einspruch bedarf einer Begründung.

12.2 Ein besonderer Ausschuss (Rekurskommission), dessen Zusammensetzung von der Unternehmungsleitung und der Interessenvertretung der Mitarbeiterschaft festgelegt wird, hat die Wiedererwägung zu behandeln.

12.3 Jeder Einreicher kann seinen Prämienanspruch erneut geltend machen, wenn ein von ihm eingereichter, aber abgelehnter VV unter gleichen oder ähnlichen Voraussetzungen zu einem späteren Zeitpunkt verwirklicht wurde. Sind zwischen Ablehnung und der Realisation mehr als zwei Jahre vergangen, so ist der Anspruch verjährt.

13. Erfindungen

13.1 Der Einreicher eines Verbesserungsvorschlages überträgt der Firma ... sämtliche Rechte an diesem VV zur uneingeschränkten Nutzung. Vorbehalten bleiben Rechte aus der Urhebergesetzgebung.

13.2 VV, bei denen zu erwarten ist, dass sie Erfindungen sind, müssen der zuständigen Patentabteilung zur Prüfung zugeleitet werden.

13.3 VV, für die Schutzrechte beantragt werden, aber nicht anerkannt werden, sind erneut als Verbesserungsvorschlag zu behandeln.

14. Ausgeschiedene Mitarbeiter

14.1 Einreicher von VV, die während der Bearbeitungszeit ihre Vorschlags – aus welchen Gründen auch immer – aus der Firma ... ausscheiden, behalten alle Rechte, die sich aus der Vereinbarung ergeben.

14.2 Über die Ergebnisse der Prüfung, Bewertung und Prämiierung sind ausgeschiedene Mitarbeiter zu informieren.

15. Werbung und Information

15.1 Das Vorschlagswesen ist durch gezielte Werbemaßnahmen intern und extern zu unterstützen und zu fördern.

15.2 Über die Wirksamkeit und die Ergebnisse des Vorschlagswesens ist die ständige Information nach innen und außen sicherzustellen.

16. Inkrafttreten

16.1 Die vorliegende Betriebsvereinbarung tritt am ... in Kraft. Vorher eingereichte und noch nicht abgeschlossene VV unterliegen bereits dieser Vereinbarung.

16.2 Diese Betriebsvereinbarung kann im Rahmen der gesetzlichen Bestimmungen gekündigt werden. Bis zum Abschluss neuer Vereinbarungen gelten die Bestimmungen der gekündigten Betriebsvereinbarung weiter.

Ort/Datum

Unterschriften:	Unterschriften:
Unternehmungsleitung der Firma ...	Interessenvertretung der Mitarbeiterschaft (z.B. Gesamtbetriebsrat)

Die vorliegende Muster-Betriebsvereinbarung „Vorschlagswesen" wurde 1993 vom IDEE-SUISSE Arbeitskreis „Vorschlagsmanagement" ausgearbeitet. Sie hat **Empfehlungscharakter**.

Anhang E

| Zeichnen Sie Ihre Mitarbeiterinnen und Mitarbeiter für gute Ideen aus! |

Am besten mit dem **IDEEN-OSKAR**.

Der **IDEEN-OSKAR** ist eine Auszeichnung von bleibendem Wert, die täglich neu zu kreativem Denken und Handeln motiviert.

Der **IDEEN-OSKAR** ist ein Symbol des Aktiven Ideen-Managements (AIM).

Auskunft und Angebot:

IDEE-SUISSE – Schweizerische Gesellschaft
für Ideen- und Innovationsmanagement
Technopark Zürich
Technopark-Straße 1
CH-8005 Zürich

Tel./Fax.: ++41 (0) 1 445 15 45

Literaturverzeichnis

ANIC, Denis: Betriebliches Vorschlagswesen. Neuere Entwicklungen aus betriebswirtschaftlicher und rechtlicher Sicht. Oldenburg 1998

ANTONI, C.: Einzelfallstudien zur Evaluation betrieblicher Kleingruppen-Konzepte – Ergebnisse und Probleme eines Vergleichs eines Qualitätszirkel- mit einem Projektgruppen-Modell. In: Mannheimer Beiträge zur Wirtschafts- und Organisationspsychologie. Themenschwerpunkt: Quality Circles, 1990, Heft 1, S. 89–113 (erschienen in: Bungard, W. (Hrsg.): Qualitätszirkel. Stuttgart 1990)

ANTONI, C.; BUNGARD, W.; KÜBLER, E.: Qualitätszirkel und ähnliche Formen der Gruppenarbeit in der Bundesrepublik Deutschland – Eine Bestandsaufnahme der Problemlösungsgruppen-Konzepte bei den 100 umsatzgrößten Industrieunternehmen. In: Mannheimer Beiträge zur Wirtschafts- und Organisationspsychologie. Themenschwerpunkt: Quality Circles, 1990, Heft 1, S. 18–52 (erschienen in: Bungard, W. (Hrsg.): Qualitätszirkel. Stuttgart 1990)

ARBEITSGEMEINSCHAFT FÜR WIRTSCHAFTLICHE VERWALTUNG e.V. (Hrsg.): Organisation betrieblicher Innovation. Qualitätszirkel als Innovationsinstrument. Eschborn 1984

BÄCHLE, Hans Ulrich: Schwachstellen im Betrieblichen Vorschlagswesen. In: Der Betrieb, Heft 25 vom 22. 6. 1984, S. 1333–1336

BARTÖLKE, Klaus: Organisationsentwicklung. In: Handwörterbuch der Organisation, hrsg. von Erwin Grochla. 2. Aufl., Stuttgart 1980, Sp. 1468–1481

BAYERISCHES STAATSMINISTERIUM FÜR ARBEIT UND SOZIALORDNUNG: Mitarbeiten – mitdenken! Situation und Chancen des Betrieblichen Vorschlagswesens in Bayern. 4. Aufl., München 1991

BERG, Gerhard/GOLDGRÄBE, Arthur: KVP – Maßstab für das tägliche Handeln aller Mitarbeiter. In: Zeitschrift für Vorschlagswesen, 25. Jg., 1/1999, S. 22–28

BESSOTH, Richard: Leistungsfähigkeit des Betrieblichen Vorschlagswesens. Aufbereitung und Darstellung der bisherigen Erkenntnisse. Göttingen 1975

BICKEL, Samuel: Tendenzen in der Unternehmenskulturforschung. Eine Literaturanalyse. Unveröffentlichte Lizentiatsarbeit am IOP der Universität Bern 1994

BISANI, Fritz: Die Rolle des Vorgesetzten im Betrieblichen Vorschlagswesen. Referat anlässlich der Jahrestagung BVW am 30. Mai 1989. In: Betriebliches Vorschlagswesen (BVW), 15. Jg. 1989, S. 157–163

BLEICHER, Knut: Meilensteine auf dem Weg zur Vertrauensorganisation. In: Thexis, 2. Jg. 1985, Heft 4, S. 2–7

BLEICHER, Knut: Vertrauen als kritischer Faktor einer Bewältigung des Wandels. In: Zeitschrift Führung und Organisation, 64. Jg. 1995, S. 390–395

BOCKER, Hans D.; EVARD, Klaus: The Quality Circle Concept. A Challenge to Management to Meet the Productivity Crisis. Structure and Function. In: Zeitschrift für Betriebswirtschaft (ZfB), 52. Jg. 1982, S. 1053–1078

BÖHME, Olaf J.: Das Betriebliche Vorschlagswesen. Ein Instrument zur systematischen Ideennutzung. In: Wirtschaftspolitische Mitteilungen, 33. Jg. 1977, Heft 5, S. 1–20

BÖHME, Olaf J.: Die Mitarbeiter sollen Risiken erkennen! Ein als Frühwarnsystem ausgestaltetes Vorschlagswesen kann dem Management nützliche Impulse liefern. In: Management-Zeitschrift-io, 47. Jg. 1978, S. 537–539

BÖHME, Olaf J.: Vorschlagswesen. In: Aktuelles Handbuch für die optimale Personalführung, hrsg. von W. Fassbind. Zürich 1983 (Kap. 917.2)

BÖHME, Olaf J.; BRINKMANN, Eberhard P.: Besseres Vorschlagswesen durch Teamarbeit. Teamvorschläge als neuer Rationalisierungsweg der achtziger Jahre. In: REFA-Nachrichten, 33. Jg. 1980, S. 253–257

BRINKMANN, Eberhard P.: Innovationsgruppen beim Betrieblichen Vorschlagswesen. In: Personal, 29. Jg. 1976, S. 52–55

BRINKMANN, Eberhard P.: Das Verbesserungs-Vorschlagswesen in Wirtschaft und Verwaltung. Standortbeschreibung und Ansätze zur Weiterentwicklung. In: Grochla, Erwin; Brinkmann, Eberhard; Thom, Norbert: Stand und Entwicklung des Vorschlagswesens in Wirtschaft und Verwaltung. Dortmund 1978, S. 14–55

BRINKMANN, Eberhard P.: „Brüter-Teams" im Vorschlagswesen - Gruppenvorschläge als neuer Rationalisierungsweg. In: Schweizerische Handels-Zeitung, 118. Jg., Nr. 48 vom 29. November 1979, S. 11

BRINKMANN, Eberhard P.: Betriebliches Vorschlagswesen auf dem Weg zum Ideenmanagement? Ergebnisse einer Umfrage im Kammerbezirk Dortmund. In: Betriebliches Vorschlagswesen (BVW), 13. Jg. 1987, S. 112–121

BRINKMANN, Eberhard P.: Die Behandlung von Vorschlägen informeller Gruppen durch den BVW-Beauftragten der 90er Jahre. In: Betriebliches Vorschlagswesen (BVW), 15. Jg. 1989, S. 113–124

BRINKMANN, Eberhard P.: Das Betriebliche Vorschlagswesen. Leitfaden für Arbeitnehmer und Arbeitgeber. Freiburg i. Br./Berlin 1992

BRINKMANN, Eberhard P.; DANNER, Herbert; HEIDACK, Clemens; THOM, Norbert: Empfehlungen zum Betrieblichen Vorschlagswesen in der Bundesrepublik Deutschland, hrsg. von der Deutschen Aktionsgemeinschaft Bildung – Erfindung – Innovation e.V. (DABEI). Bonn 1986

BRINKMANN, Eberhard P.; HEIDACK, Clemens: Betriebliches Vorschlagswesen. Bd. 1: Standard in Wirtschaft und Verwaltung. Freiburg i. Br. 1982

BRINKMANN, Eberhard P.; HEIDACK, Clemens: Unternehmenssicherung durch Ideenmanagement. Bd. 1: Mehr Innovationen durch Verbesserungsvorschläge. 2. Aufl., Freiburg i. Br. 1987

BRINKMANN, Eberhard P.; REHN, Götz: Betriebliches Vorschlagswesen und Organisationsentwicklung. Auswirkungen individueller Mitarbeiterentwicklung. In: Personal, 30. Jg. 1978, S. 6–9

BUCKSCH, Rolf: Von der Wertanalyse zur Value Innovation. In: Siemens-Zeitschrift, 55. Jg. 1981, Heft 6, S. 8–10

BUMANN, Anton: Der Stellenwert des Vorschlagswesens im Unternehmen - Ergebnisse einer schriftlichen Umfrage in der Schweiz. In: Betriebliches Vorschlagswesen (BVW), 15. Jg. 1989, S. 170–177

BUMANN, Anton: Das Vorschlagswesen als Instrument innovationsorientierter Unternehmensführung. Ein integrativer Gestaltungsansatz, dargestellt am Beispiel der schweizerischen PTT-Betriebe. Diss. Freiburg/Schweiz 1991

BÜSCH, Karl-Hermann; THOM, Norbert: Kooperations- und Konfliktfelder von Unternehmungsleitung und Betriebsrat beim Vorschlagswesen. Ergebnisse einer empirischen Untersuchung in Industriebetrieben. In: Betriebliches Vorschlagswesen (BVW), 8. Jg. 1982, S. 163–181

COERS, Jürgen; THOM, Norbert: Organisationsentwicklung. In: Handwörterbuch der Betriebspsychologie und Betriebssoziologie, hrsg. von Paul G. v. Beckerath; Peter Sauermann und Günter Wiswede. Stuttgart 1981, S. 289–293

DEPPE, Joachim: Quality Circle und Lernstatt. Ein integrativer Ansatz. Wiesbaden 1989

DEUTSCHE ANGESTELLTEN-GEWERKSCHAFT – BUNDESVORSTAND: Betriebs- und Dienstvereinbarungen zum Betrieblichen Vorschlagswesen. Hamburg 1976

DEUTSCHES INSTITUT FÜR BETRIEBSWIRTSCHAFT e. V. (Hrsg.): BVW – Führungsinstrument Vorschlagswesen: Aufbau – Funktion – Wirtschaftlichkeit. 3. Aufl., Berlin 1993 (1. Aufl. 1978)

DEUTSCHES INSTITUT FÜR BETRIEBSWIRTSCHAFT e. V.; WUPPERTALER KREIS e. V.; BUNDESMINISTERIUM FÜR WIRTSCHAFT (Hrsg.): Ideenmanagement für mittelständische Unternehmen. Mehr Innovation durch kreative Mitarbeiter. Köln 1995

DIEKMANN, Andreas: Empirische Sozialforschung. Grundlagen, Methoden, Anwendungen. Reinbek bei Hamburg 1995

DOMSCH, Michel, E.; LADWIG, Désirée: Qualitätszirkel. In: Handwörterbuch der Produktionswirtschaft, hrsg. von Werner Kern, Hans-Horst Schröder und Jürgen Weber. 2. Aufl., Stuttgart 1996, Sp. 1761–1770

DÖNNI, Bruno; BÜRGI, Rudolf: Analytische Vorschlagsbewertung. In: REFA-Nachrichten, 26. Jg. 1973, S. 15–22

DRENNAN, David: Veränderung der Unternehmenskultur. London u. a. 1993

DREYER, H.: Beitrag zur Motivationsanalyse für das Betriebliche Vorschlagswesen. In: Arbeit und Leistung, 27. Jg. 1973, S. 187–189

EICH, Thomas: Idee – Initiative – Innovation. In: Zeitschrift für Vorschlagswesen, 25. Jg., 4/1999, S. 176–180

EINSELE, Rolf W.: Verbesserungsvorschlags-Prämien und Vergütung für Arbeitnehmererfindungen; Diskrepanzen und Übereinstimmungen. In: Betriebliches Vorschlagswesen (BVW), 12. Jg. 1986, S. 97–104

EMMERT, Wolfgang: Technischer Verbesserungsvorschlag, Wettbewerbsbestimmungen, Mitbestimmung beim Betrieblichen Vorschlagswesen aus arbeitsrechtlicher Sicht. In: Betriebliches Vorschlagswesen (BVW), 9. Jg. 1983, S. 97–107

ELLE, Hans-Dieter; THOM, Norbert: Management von Produktinnovationen in der DDR. Eine betriebswirtschaftlich-organisatorische Analyse. Berlin 1989

ETIENNE, Michèle: Grenzen und Chancen des Vorgesetztenmodells im Betrieblichen Vorschlagswesen. Eine Fallstudie. Arbeitsbericht Nr. 16 des Instituts für Organisation und Personal der Universität Bern. Bern 1996 (erschien 1997 als Buch)

FREIMUTH, Joachim: Das Vorschlagswesen aus Sicht der Akzeptanzforschung. In: Betriebliches Vorschlagswesen (BVW), 13. Jg. 1987, S. 27–32

FREY, Dieter; SCHULZ-HARDT, Stefan (Hrsg.): Vom Vorschlagswesen zum Ideenmanagement. Zum Problem der Änderung von Mentalitäten, Verhalten und Strukturen. Göttingen u. a. 2000

GABELE, Eduard: Führungs- und Unternehmensgrundsätze – ein Spiegelbild innerbetrieblicher und gesellschaftlicher Entwicklungen. In: Gabele, Eduard; Liebel, Hermann; Oechsler, Walter A.: Führungsgrundsätze und Führungsmodelle. Bamberg 1982, S. 13–34

GAITANIDES, Michael: Ablauforganisation. In: Handwörterbuch der Organisation, hrsg. von Erich Frese. 3. Aufl., Stuttgart 1993, Sp. 1–18

GANZ, Dieter: Verbesserungsvorschläge im Betrieb. Eine soziologische Untersuchung über das betriebliche Vorschlagswesen in zwei Industriebetrieben. Diss. Mannheim 1962

GASIOR, Walter: Top – Vorschlagswesen bei Siemens. In: Zeitschrift für Vorschlagswesen, 22. Jg., 4/1996, S. 153–159

GAUL, Dieter: 20 Jahre Arbeitnehmererfinderrecht. In: Gewerblicher Rechtsschutz und Urheberrecht, 1977, Heft 11, S. 686–703

GERLACH, R. Dieter: Schwachpunkte des Betrieblichen Vorschlagswesens (BVW). In: Betriebliches Vorschlagswesen (BVW), 7. Jg. 1981, S. 101–105

GLUTH, Hellmuth: Punktebewertungsverfahren zur Ermittlung von Prämien für Verbesserungsvorschläge. In: Arbeit und Leistung, 27. Jg. 1973, S. 212–213

GÖHS, Werner: Handhabung der Teilnahmeberechtigung am BVW. In: Betriebliches Vorschlagswesen (BVW), 14. Jg. 1988, S. 145–147

GÖHS, Werner: Höchstprämien, ihre Begrenzungen und die Wahrscheinlichkeit des Auftretens. In: Betriebliches Vorschlagswesen (BVW), 15. Jg. 1989, S. 62–66

GÖHS, Werner: Nur die Quantität der Verbesserungsvorschläge (VV) sichert die Qualität des Betrieblichen Vorschlagswesens (BVW). Eine Hypothese erhält ihre Bestätigung. In: Betriebliches Vorschlagswesen (BVW), 13. Jg. 1987, S. 145–149

GÖHS, Werner: Zu wessen Lasten gehen Steuern und Sozialabgaben für VV-Prämien? Ergebnisse einer Umfrage des DIB bei Mitgliedsfirmen im Sommer 1984. In: Betriebliches Vorschlagswesen (BVW), 11. Jg. 1985, S. 135–136

GOLDSMITH, Walter; CLUTTERBUCK, David: The Winning Streak. Harmondsworth/England 1985

GÖRTER, Hans-Werner: Historische Entwicklung, Stand und Tendenzen des Betrieblichen Vorschlagswesens im internationalen Vergleich. Diss. Wien (Hochschule für Welthandel) 1975

GROB, Hermann: Die Vorgesetzten als Ideenmanager. In: Zeitschrift für Vorschlagswesen (BVW), 20. Jg. 1994, Nr. 3, S. 97–98

GROCHLA, Erwin: Ursprünge und Entwicklungslinien des Betrieblichen Vorschlagswesens. In: Grochla, Erwin; Brinkmann, Eberhard; Thom, Norbert: Stand und Entwicklung des Vorschlagswesens in Wirtschaft und Verwaltung. Dortmund 1978, S. 5–13

GROCHLA, Erwin: Grundlagen der organisatorischen Gestaltung. Stuttgart 1982

GROCHLA, Erwin; BRINKMANN, Eberhard; THOM, Norbert: Stand und Entwicklung des Vorschlagswesens in Wirtschaft und Verwaltung. Dortmund 1978

GROCHLA, Erwin; THOM, Norbert: Das Betriebliche Vorschlagswesen als Führungs- und Personalentwicklungs-Instrument. In: Zeitschrift für betriebswirtschaftliche Forschung (ZfbF), 32. Jg. 1980, S. 769–780

GROCHLA, Erwin; THOM, Norbert; STROMBACH, Manfred E.: Personalentwicklung in Mittelbetrieben. Ein Leitfaden für die Praxis. Köln 1983

HABEGGER, Anja: Betriebliches Vorschlagswesen im Wandel. Stand der Diskussion und Umsetzung in der Praxis. Arbeitsbericht Nr. 61 des Instituts für Organisation und Personal der Universität Bern. Bern 2002

HACK, Hans-Josef: Bewertungsmethoden im BVW. Herleitung einer systematischen Darstellung der unterschiedlichen Methoden. In: Betriebliches Vorschlagswesen (BVW), 3. Jg. 1977, S. 162–171

HAGENMÜLLER, Karl Friedrich: Das Betriebliche Vorschlagswesen als Führungsinstrument. In: Betriebliches Vorschlagswesen, 6. Jg. 1980, S. 3–10

HANAMI, Tadashi: QC Circle Activities and the Suggestion System. In: Japan Labor Bulletin, 1982, January 1, S. 5–8

HASLER, Barbara: Wenig innovative Ostschweizer. In: Tagesanzeiger, Nr. 183 vom 21. September 1990, S. 33

HEIDACK, Clemens; BRINKMANN, Eberhard P.: Betriebliches Vorschlagswesen. Band II: Fortschritt durch Motivation und Gruppen. Freiburg i. Br. 1984

HEIMANN, Willi: BVW Incentive Reisen. In: Betriebliches Vorschlagswesen (BVW), 14. Jg. 1988, S. 78–79

HEMMERLING, Joachim: Das Gesetz nennt sie Neuerer. Band 7: Recht in unserer Zeit. 2. Aufl., Berlin-Ost 1979

HENTSCHEL, Hans-Dieter: Wirtschaftlichkeit des Vorschlagswesens. In: BVW-Zeitschrift für Vorschlagswesen, 20. Jg. 1994, S. 81–86

HERING, Lutz: Die Bedeutung der BVW-Kommission für die Entwicklung des Betrieblichen Vorschlagswesens. In: Betriebliches Vorschlagswesen (BVW), 3. Jg. 1977, S. 13–22

HERTIG, Philippe: Personalentwicklung und Personalerhaltung in der Unternehmenskrise. Bern/Stuttgart/Wien 1996

HÖCKEL, Günther: Keiner ist so klug wie alle. Chancen und Praxis des Betrieblichen Vorschlagswesens. Düsseldorf – Wien 1964

HÖCKEL, Günther: Das BVW hat Zukunft. Neue Aufgaben und Chancen des BVW. Gauting b. München 1972

HÖCKEL, Günther: Mehr Gruppenarbeit im Betrieblichen Vorschlagswesen. In: Arbeit und Leistung, 27. Jg. 1973, S. 273–276

HÖCKEL, Günther: Das Betriebliche Vorschlagswesen (BVW) – Eine gute Idee. In: Betriebliches Vorschlagswesen (BVW), 3. Jg. 1977, S. 1–4 (durchgesehen und überarbeitet von L. Reißinger)

HOFFMANN, Heinz: Wertanalyse und Betriebliches Vorschlagswesen – Partner oder Konkurrent? In: Betriebliches Vorschlagswesen (BVW), 8. Jg. 1982, S. 62–69

HOLM, Karl-Friedrich: Die Mitarbeiterbefragung. Hamburg 1982

HUYER-MAY, Winfried (Auswerter): Die Stellung des BVW-Beauftragten. In: Betriebliches Vorschlagswesen (BVW), 8. Jg. 1982, S. 188–191

IBM DEUTSCHLAND: Wie ist ein Verbesserungsvorschlag zu begutachten? In: Betriebliches Vorschlagswesen (BVW), 16. Jg. 1990, S. 106–117

IG-METALL (Hrsg.): Betriebliches Vorschlagswesen. IG-Metall-Information Nr. 50 (Stand: 1. 6. 1975)

IMAI, Masaaki: Kaizen. Der Schlüssel zum Erfolg der Japaner im Wettbewerb. 8. Aufl., München 1993

ISCHE, Friedrich: Lernstatt – ein Modell der Praxis. In: Zeitschrift Führung + Organisation (zfo), 51. Jg. 1982, S. 295–298

JARKE, Matthias; KLAMMA, Ralf: Wissensbasiertes Verbesserungsmanagement. Wie Unternehmen aus Fehlern lernen und durch Erfahrung klüger werden. In: Wissensmanagement. Das Magazin für Führungskräfte, 5. Jg. 2003, Heft 4, S. 22–24

KANLY, Edith: Die Veränderung von Kommunikation, Motivation und des Arbeitsklimas in Abhängigkeit vom Führungsstil in Kleingruppen bei Einführung von Qualitätszirkeln. In: Betriebliches Vorschlagswesen (BVW), 15. Jg. 1989, S. 56–60

KELLER, Paul: Gewerkschaften und Betriebliches Vorschlagswesen. In: Gewerkschaftliche Rundschau, 71. Jg. 1979, Heft 12, S. 361–364

KERN, Hans: Das Verbesserungsvorschlagswesen. Einstellungen und Fehleinstellungen der Führungskräfte. In: Mensch und Arbeit, 6. Jg. 1954, S. 39–42

KIENDL, Stefan; VON BISMARCK, Wolf-Bertram: Durch Mitarbeiterpartizipation zu konkreten Kostensenkungen. Wie Unternehmen das Potenzial von Gruppen richtig nutzen. In: Ideenmanagement, 26. Jg., 1/2000, S. 38–42

KIRCHHOFF, Bernd; GUTZAN, Peter: Die Lernstatt. Effektiver lernen vor Ort. Grafenau/Württ. 1982

KOBLANK, Peter: Das BVW-Programm. Leistungsumfang und Wirtschaftlichkeitsnachweis einer ausgereiften PC-Software für das BVW. In: Betriebliches Vorschlagswesen (BVW), 14. Jg. 1988, S. 154–162

KOBLANK, Peter: „Das BVW-Programm" – eine PC-Software der Koblank Consulting, Aalen. In: Betriebliches Vorschlagswesen (BVW), 18. Jg. 1992, S. 22–26

KOLLMER, Edwin: Die Behandlung von technischen Verbesserungsvorschlägen im Rahmen des Gesetzes über Arbeitnehmererfindungen. In: Betriebliches Vorschlagswesen (BVW), 7. Jg. 1981, S. 15–23

KÖPPEL, Hans-Jürgen: Mittel gegen die müde Routine: Quality Circles. In: Congress & Seminar, 9. Jg. 1982, Heft 3, S. 26–27

KRAFFT, Werner: Das Betriebliche Vorschlagswesen als Gruppenaufgabe und Gruppenproblem. Ein Beitrag zur Sozialpsychologie im Betrieb. Berlin 1966

KRAFFT, Werner: Aktivierung des Betrieblichen Vorschlagswesens durch Gruppenvorschläge. In: Betriebliches Vorschlagswesen (BVW), 6. Jg. 1980, S. 74–77

KRAMER, Wolfgang; WINTER, Helmut: Die Entwicklung von Qualitätszirkeln. Entstehung, Formen, Erfahrungen. Köln 1984

KRAUSS, Ernst-Friedrich: Das betriebliche Vorschlagswesen aus rechtlicher Sicht. Heidelberg 1977

KROMEN, Eugen: Qualitätskreise – eine Antwort auf Organisationsverdrossenheit. In: Zeitschrift Führung + Organisation (zfo), 51. Jg. 1982, S. 283–290

KÜCHLER, Jörg: Theorie und Praxis der Qualitätszirkel. Bericht 18 der Deutschen Vereinigung zur Förderung der Weiterbildung von Führungskräften (Wuppertaler Kreis) e.V. Köln 1981

KÜPPER, Hans-Ulrich: Ablauforganisation. Stuttgart/New York 1981

LÄGE, Karola: Ideenmanagement. Grundlagen, optimale Steuerung und Controlling. Wiesbaden 2002

LINDER, Norbert G.: Organisationsentwicklung und Vorschlagswesen in der öffentlichen Verwaltung. Frankfurt a. M. u. a. 1983

LOSSE, Klaus Heinz; THOM, Norbert: Das Betriebliche Vorschlagswesen als Innovationsinstrument. Eine empirisch-explorative Überprüfung seiner Effizienzdeterminanten. Frankfurt a. M./Bern 1977

LÜDERS, Peter: Einführungswiderstände gegen das Betriebliche Vorschlagswesen in der mittelständischen Industrie. Ergebnisse einer Befragung von Geschäftsleitungen in der Maschinenbau- und Gießereiindustrie. Unveröffentlichte Diplomarbeit am Organisationsseminar der Universität zu Köln 1981

MACHARZINA, Klaus: Unternehmensführung. Das internationale Managementwissen. Wiesbaden 1993

MAUCH, Hans Jörg; WILDENMANN, Bernd: Werkstattforen bei Bosch-Siemens. Wie die Erfahrungen der Arbeiter für das Werk genutzt werden können. In: Personal, 34. Jg. 1982, S. 206–210

MENZEL, Peter: Das Betriebliche Vorschlagswesen bei Siemens AG. In: Betriebliches Vorschlagswesen (BVW), 7. Jg. 1981, S. 106–109

MERZ, Eberhard: Einige Aspekte zur Entwicklung des Betrieblichen Vorschlagswesens in einem Großunternehmen. In: Betriebliches Vorschlagswesen (BVW), 7. Jg. 1981, S. 1–14

MERZ, Eberhard: Betriebliches Vorschlagswesen, professionell und wirksam. Landsberg am Lech 1988

METZ, Walter: So erhält man Gutachten für VV schneller und qualifizierter! In: Betriebliches Vorschlagswesen (BVW), 5. Jg. 1979, S. 28–34

MEYER, Jürgen: Benchmarking – ein Prozeß zur unternehmerischen Spitzenleistung. In: Benchmarking: Spitzenleistungen durch Lernen von den Besten, hrsg. von Jürgen Meyer. Stuttgart 1996, S. 3–28

MICHLIGK, Paul: Neue Praxis des betrieblichen Vorschlagswesens und der Arbeitsvereinfachung. Stuttgart 1953

MITTENDORFER, L(eo): Das Betriebliche Vorschlagswesen in Österreich und in der ÖMV Aktiengesellschaft. In: Betriebliches Vorschlagswesen (BVW), 8. Jg. 1982, S. 1–8

MORLIN, Jack: Das Vorschlagswesen in Japan - Ergebnis einer Studienreise. In: Betriebliches Vorschlagswesen (BVW), 9. Jg. 1983, S. 157–172

MÜLLER, Rainer: Krisenmanagement in der Unternehmung. 2. Aufl., Frankfurt a. M. u. a. 1986

NIEDER, Peter; ALTENHOVEN, Bernd: Betriebliches Vorschlagswesen als Instrument der Organisationsentwicklung. In: Fortschrittliche Betriebsführung und Industrial Engineering, 28. Jg. 1979, S. 153–157

NIER, Dieter; SCHUSSER, Ulrike: Innovationsfördernde Faktoren. Ergebnisse einer explorativen Studie. In: Zeitschrift Führung + Organisation (zfo), 59. Jg. 1990, Heft 4, S. 274–276

NOHA, Klaus: Prämien für Verbesserungsvorschläge zur Arbeitssicherheit. In: Betriebliches Vorschlagswesen (BVW), 5. Jg. 1979, S. 15–20

NOWAK, Herbert: Vorschläge, die über den Rahmen des BVW hinausgehen. In: Betriebliches Vorschlagswesen (BVW), 3. Jg. 1977, S. 102–103

NOWAK, Herbert: Auswertung zur Sondererhebung über BVW-Prämiensysteme. In: Betriebliches Vorschlagswesen (BVW), 5. Jg. 1979, S. 21–26

NOWAK, Herbert: BVW-Prämiensysteme. Betriebsvereinbarungen nach dem Betriebsverfassungsgesetz 1972. In: Betriebliches Vorschlagswesen (BVW), 5. Jg. 1979 (a), S. 131–136

NOWAK, Herbert: Wie kann das Vorschlagswesen zur Erhöhung des betrieblichen Innovationspotentials beitragen? In: Betriebliches Vorschlagswesen (BVW), 10. Jg. 1984, S. 58–65

NOWAK, Herbert: Qualitätszirkel: Konkurrent oder Partner des Betrieblichen Vorschlagswesens. In: Betriebliches Vorschlagswesen (BVW), 14. Jg. 1988, S. 66–71

o. V.: Betriebliches Vorschlagswesen. Die Ideen Ihrer Mitarbeiter sind bares Geld wert. In: Impulse. Das Magazin für die Wirtschaft, 1982, Heft 6, S. 72–76

o. V. (Handelsblatt): Innovatives Klima und visionäre Führung sind in den meisten Unternehmen unterentwickelt. In: Handelsblatt, Nr. 36 vom 20. Februar 1990, S. 31

o. V.: Software: Vorschlagswesen. In: Personalwirtschaft, 21. Jg. 1994, Heft 8, S. 21

o. V. (2000): Jede Idee kann Geld wert sein. In: Handelszeitung, 139. Jg., 19. Januar 2000, S. 17

o. V. (2000a): Die Mitarbeiter leisten mehr als alle Planungen und Finanzen. In: Der Bund, 151. Jg., 19. Januar 2000, S. 19

PANSEGRAU, Christian: Probleme mit Verbesserungsvorschlägen ohne errechenbare Ersparnisse – neue Bewertungssysteme. In: Betriebliches Vorschlagswesen (BVW), 2. Jg. 1976, S. 49–60

PETERS, Thomas J.; WATERMAN jr., Robert H.: Auf der Suche nach Spitzenleistungen. 8. Aufl., Landsberg am Lech 1984

PETERS, Tjitske: Incentive Reisen: Gletschercocktail und Piratenfahrt. Ein wichtiges Mittel zur Mitarbeitermotivation. In: Schweizerische Handels-Zeitung, Nr. 39 vom 27. September 1990, S. 57–59

PFISTER, Eric: Das Betriebliche Vorschlagswesen. Fallstudie in einem Schweizer Grossunternehmen. Unveröffentlichte Lizentiatsarbeit am IOP der Universität Bern 1993

PLÜSKOW, Hans-Joachim von: Der Lack ist ab. In: Capital. Das deutsche Wirtschaftsmagazin, 20. Jg. 1981, Heft 10, S. 143–144

POST, Herbert; THOM, Norbert: Verbesserung und Ausbau des Betrieblichen Vorschlagswesens. Erkenntnisse einer Befragungsaktion. In: Betriebliches Vorschlagswesen (BVW), 6. Jg. 1980, S. 114–136

PÜMPIN, Cuno; KOBI, Jean-Marcel; WÜTHRICH, Hans A.: Unternehmungskultur: Basis strategischer Profilierung erfolgreicher Unternehmen. In: Die Orientierung, Nr. 85, Bern 1985

QUISKE, Friedrich H.; SKIRL, Stefan J.; SPIESS, Gerald: Denklabor Team. Konzeption für kreative Problemlösungen in Forschung, Verwaltung und Industrie. Stuttgart 1973

REISSINGER, L(ieselotte): Kurzer Überblick über die Geschichte des Betrieblichen Vorschlagswesens. Frankfurt a. M. 1974 (Rundschreiben des Deutschen Instituts für Betriebswirtschaft e.V.)

REISSINGER, Lieselotte: Die ersten Prüfungen Deutschlands und in Westeuropa „BVW-Beauftragter". In: Betriebliches Vorschlagswesen (BVW), 7. Jg. 1981, S. 97–98

REISSINGER, Lieselotte: Der BVW-Beauftragte - die Persönlichkeit im BVW. In: Betriebliches Vorschlagswesen (BVW), 8. Jg. 1982, S. 110–112

REISSINGER, Lieselotte (Übersetzerin und Bearbeiterin): Quality-Circles. Wie sehen amerikanische BVW-Beauftragte diese japanische Einrichtung? (Beispiel der RCA, USA). In: Betriebliches Vorschlagswesen (BVW), 8. Jg. 1982 (a), S. 9–14

SCHAAD, P(eter): Ablauforganisation des einzelnen Vorschlags. Vortragsmanuskript zur Tagung „Vorschlagswesen" der Schweizerischen Arbeitsgemeinschaft Vorschlagswesen (SAV) am 12. Dezember 1978 in Zürich (7 Seiten)

SCHÄFER, Helmut: Steuerliche Behandlung der Vergütung für Arbeitnehmererfindungen und von Prämien für Verbesserungsvorschläge. In: Betriebliches Vorschlagswesen (BVW), 9. Jg. 1983, S. 108–119

SCHÄFER, Leonhard: Das Betriebliche Vorschlagswesen (BVW) als Kreativitäts- und Innovationsinstrument. Gruppenvorschlagswesen, Organisationsentwicklung (OE) und Wertanalyse (WA). In: Betriebliches Vorschlagswesen (BVW), 5. Jg. 1979, S. 114–120

SCHLITZBERGER, H. H.: Vorschlagswesen als Bestandteil der Unternehmenspolitik. In: Betriebliches Vorschlagswesen (BVW), 8. Jg. 1982, S. 49–51

SCHLOTFELDT, W.: 40 Jahre Betriebliches Vorschlagswesen. In: Betriebliches Vorschlagswesen (BVW), 16. Jg. 1990, S. 103–105

SCHMID, Michael: Intrapreneurship: Ein Konzept für innovatives Verhalten in bürokratischen Unternehmen? In: Zeitschrift Führung + Organisation (zfo), 56. Jg. 1987, Heft 1, S. 20–26

SCHOLZ, Konrad; FUHRMANN, Jochen: Das Betriebliche Vorschlagswesen aus gewerkschaftlicher Sicht. Frankfurt a. M. 1967

SCHÜTTKEMPER, Karl: Quality circle – Probleme in Recht und Praxis. In: Betriebs-Berater, Heft 18 vom 30. 6. 1983, S. 1163–1166

SCHWAB, Brent: Technischer Verbesserungsvorschlag und Erfindung bei Ausscheiden aus dem Arbeitsverhältnis. In: Betriebliches Vorschlagswesen (BVW), 11. Jg. 1985, S. 145–159

SCHWAB, Brent: Das Mitbestimmungsrecht des Betriebsrats (Personalrats) im Bereich des Betrieblichen Vorschlagswesens. In: Betriebliches Vorschlagswesen (BVW), 13. Jg. 1987, S. 150–160

SCHWAB, Brent: Rechtliche Probleme des betrieblichen Vorschlagswesens. In: Personal, 42. Jg. 1990, S. 214–216

SCHWAB, Brent: Erfindung und Verbesserungsvorschlag im Arbeitsverhältnis. Eine systematische Darstellung für die Praxis. 2. Aufl., Wiesbaden 1991

SCHWARZ, Robert: Vorschlagswesen und Qualitätszirkel. In: Idee. Informationen der Arbeitsgemeinschaft Vorschlagswesen im Österreichischen Produktivitäts- und Wirtschaftlichkeitszentrum (ÖPWZ), 1981, Heft 3, S. 21–25 (Übersetzung von Hermann Strasser)

SCHWEIZERISCHE ARBEITSGEMEINSCHAFT VORSCHLAGSWESEN UND IDEENMANGEMENT (SAV): Prämienschlüssel/Prämientabelle. Beilage zum Reglement für das Vorschlagswesen. In: Betriebliches Vorschlagswesen (BVW), 12. Jg. 1986, S. 105–114

SCHWEIZERISCHE ARBEITSGEMEINSCHAFT VORSCHLAGSWESEN UND IDEENMANAGEMENT (SAV): Einfache Anfrage Loeb betreffend Förderung des Betrieblichen Vorschlagswesens. In: Betriebliches Vorschlagswesen (BVW), 16. Jg. 1990 (a), S. 21–22

SCHWEIZERISCHE ARBEITSGEMEINSCHAFT VORSCHLAGSWESEN UND IDEENMANAGEMENT (SAV): Das SAV-Computerprogramm für das Vorschlagswesen. In: Betriebliches Vorschlagswesen (BVW), 16. Jg. 1990 (b), S. 34

SEIDENSTRICKER, Thomas: Neue Wege im Vorschlagswesen. In: Betriebliches Vorschlagswesen (BVW), 19. Jg. 1993, Nr. 1, S. 21–22

SIEGWART, H.: Die Wirtschaftlichkeit des Betrieblichen Vorschlagswesens. In: Betriebliches Vorschlagswesen (BVW), 11. Jg. 1985, S. 117–127

SIEMERS, Sven H.: Die Mitarbeiterbefragung. In: Empirische Personalforschung, hrsg. von Fred G. Becker und Albert Martin. München 1993, S. 279–296

SPAHL, Siegfried: Handbuch Vorschlagswesen. München 1975 (Loseblattsammlung mit Ergänzungslieferung 1978)

SPAHL, Siegfried: Werbung für das Betriebliche Vorschlagswesen. In: Betriebliches Vorschlagswesen (BVW), 3. Jg. 1977, S. 23–29

SPAHL, Siegfried: Vom traditionellen Vorschlagswesen zum Ideenmanagement. Vortragsmanuskript zum IDEE-SUISSE FORUM '82 „Idee und Innovation", veranstaltet von der Schweizerischen Gesellschaft für Ideenmanagement und Vorschlagswesen IDEE-SUISSE am 5. April 1982 in Zürich (11 Seiten)

SPAHL, Siegfried: Entwicklungstendenzen im Vorschlagswesen in Österreich. In: Betriebliches Vorschlagswesen (BVW), 10. Jg. 1984, S. 68–72

SPAHL, Siegfried: Geschichtliche Entwicklung des BVW. In: Personal, 42. Jg. 1990, Heft 5, S. 178–180

SPRENGER, Reinhard: Ideen bringen Geld. Bringt Geld auch Ideen? In: HARVARD BUSINESS manager, 16. Jg. 1994, Nr. 1, S. 9–14

STAAR, Alfred P.: Die „Aktion" als Werbemittel im Betrieblichen Vorschlagswesen. In: Betriebliches Vorschlagswesen (BVW), 13. Jg. 1987, S. 59–63

STAAR, Alfred P.: Umfragen – ein Werbemittel des BVW? In: Betriebliches Vorschlagswesen (BVW), 15. Jg. 1989, S. 150–154

STAUDT, Erich; BOCK, Jürgen; MÜHLEMEYER, Peter; KRIEGESMANN, Bernd: Anreizsysteme als Instrument des betrieblichen Innovationsmanagements. Ergebnisse einer empirischen Untersuchung im F+E-Bereich. In: Zeitschrift für Betriebswirtschaft (ZfB), 60. Jg. 1990, Heft 11, S. 1183–1204

STREBEL, Heinz u. a.: Innovation und ihre Organisation in der mittelständischen Industrie. Berlin 1979

STROMBACH, Manfred E.; JOHNSON, Gerhard: Qualitätszirkel im Unternehmen. In: Personalwirtschaft, 9. Jg. 1982, Heft 10, S. 27–30

STROMBACH, Manfred E.; JOHNSON, Gerhard: Qualitätszirkel im Unternehmen. Ein Leitfaden für Praktiker. Köln 1983

THOM, Norbert: Vorschlagswesen, betriebliches. In: Handwörterbuch der Produktionswirtschaft, hrsg. von Werner Kern, Stuttgart 1979, Sp. 2223–2236

THOM, Norbert: Grundlagen des betrieblichen Innovationsmanagements. 2. Aufl., Königstein/Ts. 1980

THOM, Norbert: Qualitätszirkel und das Betriebliche Vorschlagswesen. In: Qualitätszirkel als Instrument zeitgemäßer Betriebsführung, hrsg. von Walter Bungard und Gerd Wiendieck, Landsberg/Lech 1986 (a), S. 225–242

THOM, Norbert: Das Betriebliche Vorschlagswesen. In: Das Management von Innovationen, hrsg. von Erich Staudt, Frankfurt am Main 1986 (b), S. 445–456

THOM, Norbert: Personalentwicklung als Instrument der Unternehmungsführung. Stuttgart 1987

THOM, Norbert: Innovationsmanagement. In: Orientierung 100, hrsg. von der Schweizerischen Volksbank (jetzt Credit Suisse). Bern 1992

THOM, Norbert: Personalentwicklung und Personalentwicklungsplanung. In: Handwörterbuch des Personalwesens, hrsg. von Eduard Gaugler und Wolfgang Weber. 2. Aufl., Stuttgart 1992 (a), Sp. 1676–1690

THOM, Norbert: Organisationsentwicklung. In: Handwörterbuch der Organisation, hrsg. von Erich Frese. 3. Aufl., Stuttgart 1992 (b), Sp. 1477–1491

THOM, Norbert: Betriebliches Vorschlagswesen. In: Lexikon der Betriebswirtschaftslehre, hrsg. von Hans Corsten. 3. Aufl., München u. a. 1995, S. 119–123

THOM, Norbert: Betriebliches Vorschlagswesen. Ein Instrument der Betriebsführung und des Verbesserungsmanagements. 5. Aufl., Bern u. a. 1996

THOM, Norbert; BLUNCK, Thomas: Strategisches Weiterbildungs-Controlling. In: Bildungs-Controlling, hrsg. von Georg von Landsberg und Reinhold Weiß. 2. Aufl., Stuttgart 1995, S. 35–45

THOM, Norbert; HABEGGER, Anja: Entwicklungstendenzen im Betrieblichen Vorschlagswesen/Ideenmanagement. In: BVW-Ideenmanagement – Vorschlagswesen in Wirtschaft und Verwaltung, 23. Jg. 2003, Heft 1, S. 6–11

THOM, Norbert; VONLANTHEN, Jean-Marc: Qualitätszirkel – ein erfolgsversprechendes Konzept. Erkenntnisse aus einer schriftlichen Befragungsaktion in schweizerischen und liechtensteinischen Unternehmen. In: SAQ-Bulletin, 29. Jg. 1994, Nr. 5, S. 26–31

TÖPFER, Armin; MEHDORN, Hartmut: TQM – Lean – Kaizen: Der Weg zum Unternehmenserfolg. In: Besser – Schneller – Schlanker. TQM-Konzepte in der Unternehmenspraxis, hrsg. von Hartmut Mehdorn und Armin Töpfer. Berlin 1994

TRITSCHLER, Edgar: Betriebliches Vorschlagswesen als Prüfungsgegenstand der Internen Revision. In: Der Betrieb, 34. Jg. 1981, Heft 23, S. 1145–1152

URBAN, Christine: Das Vorschlagswesen und seine Weiterentwicklung zum europäischen KAIZEN. Das Vorgesetztenmodell. Konstanz 1993

URBAN, Christine: Das Vorschlagswesen und seine Weiterentwicklung zum europäischen KAIZEN. 2. Aufl., Konstanz 1994

VOMEND, Walter F.: Betriebliches Vorschlagswesen (BVW) der Bundesrepublik Deutschland lt. DIB-Statistik für 1988 und Vergleich zu 1987 und Entwicklung 1984–1985. In: Betriebliches Vorschlagswesen (BVW), 15. Jg. 1989, S. 145–149

VOMEND, Walter F.: Das Betriebliche Vorschlagswesen nach Wegfall der Steuervergünstigungen für Vorschlags-Prämien ab 1. Januar 1989 – Zweite Fragebogen-Aktion des DIB von 1990. In: Betriebliches Vorschlagswesen (BVW), 16. Jg. 1990 (a), S. 97–101

VOMEND, Walter F.: Statistische Entwicklung des Betrieblichen Vorschlagswesens. In: Personal, 42. Jg. 1990 (b), Heft 5, S. 188–189

VON BISMARCK, Wolf-Bertram: Die Rolle der Führungskräfte im Vorschlagswesen. In: Mannheimer Beiträge zur Wirtschafts- und Organisationspsychologie, 2/1999, S. 46–55

VON ROSENSTIEL, Lutz: Grundlagen der Organisationspsychologie. Basiswissen und Anwendungshinweise. 5. Aufl., Stuttgart 1980

VON ROSENSTIEL, Lutz; MOLT, Walter; RÜTTINGER, Bruno: Organisationspsychologie. 8. Aufl., Stuttgart u. a. 1995

VONLANTHEN, Jean-Marc: Innovationsmanagement in Schweizer Unternehmen. Ausgewählte organisatorische und personalwirtschaftliche Betrachtungen. Konzeptionelle Grundlagen. Drei Explorativstudien. Bern u.a. 1995

WALDNER, G.: Statistik Vorschlagswesen Schweiz 1988. In: Betriebliches Vorschlagswesen (BVW), 16. Jg. 1990, S. 35–36

WEINDEL, Hubert: Qualitätszirkel (QZ), eine geraffte Darstellung. In: Betriebliches Vorschlagswesen (BVW), 10. Jg. 1984, S. 127–131

WEINERT, Ansfried B.: Motivation. In: Handwörterbuch des Personalwesens, hrsg. von Eduard Gaugler und Wolfgang Weber. 2. Aufl., Stuttgart 1992, Sp. 1429–1442

WITT, Frank-Jürgen: Bestimmungsgrößen der Mitarbeiteraktivität im Betrieblichen Vorschlagswesen. In: Betriebliches Vorschlagswesen (BVW), 12. Jg. 1986, S. 63–68

WOHINZ, Josef: Wertanalyse-Innovationsmanagement. Würzburg/Wien 1983

WUNDERER, Rolf (Hrsg.): Führungsgrundsätze in Wirtschaft und Verwaltung. Stuttgart 1983

WUPPERTALER KREIS e. V.: Ideenmanagement. Ein Leitfaden für mittelständische Unternehmen. Köln 1997

YAMADA, Kenjiro: 1986 Jahresstatistik des Vorschlagswesens in Japan. In: Betriebliches Vorschlagswesen (BVW), 13. Jg. 1987, S. 17–18

YAMASHITA, Yoshimi: Die gegenwärtige Situation und Probleme der Vorschlags-Aktivität in Japan. In: Betriebliches Vorschlagswesen (BVW), 8. Jg. 1982, S. 58–61

ZIMMERMANN, Lothar: Stellung der Gewerkschaften zur Qualitätszirkelbewegung. In: Dokumentation Zweiter Deutscher Quality Circle Kongreß, 26.–27. September 1983, Düsseldorf-Eschborn 1984, S. 261–279

ZUCHA, Gerd: Wie produktiv sind Gruppenvorschläge? In: Betriebliches Vorschlagswesen (BVW), 7. Jg. 1981, S. 153–157

ZUCHA, Gerd: Effektivität und Reinertrag im Betrieblichen Vorschlagswesen. In: Betriebliches Vorschlagswesen (BVW), 8. Jg. 1982, S. 52–57

ZANDER, Ernst; KNEBEL, Heinz: Praxis der Leistungsbeurteilung. 3. Aufl., Heidelberg 1993

ZINK, Klaus J.: Qualitätszirkel und Lernstatt. In: Handwörterbuch der Organisation, hrsg. von Erich Frese. 3. Aufl., Stuttgart 1992, Sp. 2129–2140

Sachregister

Ablauforganisation 77–80, 107, 124, 126
Akkordsystem 50
Anerkennung 69 ff., 117
Anerkennungs- und Sachprämien 165, 180
Annahmequote 37, 53, 68, 99
Anonymität(-swahrung) 50, 78 f.
Anreizsystem 60–76, (materielles-) 61–68, 126, (immaterielles-) 69-76, 126, 149 ff.
Ansehen 89
Arbeitgeber 100
Arbeitnehmererfindung 25 f., 168
Arbeitsbereich, eigener 135, 147
Arbeitserleichterung 29, 31, 34, 38, 70 f.
Arbeitssicherheit 29, 31, 38, 67, 70 f.
Auditing 122, 142
Aufbauorganisation 80-105, 124, 126
Aufstiegschancen (für VV-Einreicher) 59
Ausschlussquote 45 f., 67, 68, 91
Ausschlusszeiten 68

Barrieren 47–51, 124 f. (siehe auch Fähigkeits-, Risiko- und Willensbarrieren)
Bearbeitungsaufwand (für VV) 53

Beauftragter (für das BVW) 92 ff., 163, 178
Belegschaftsbefragung 47, 49 ff., 60, 69 ff., 77 f., 112 f.
Belegschaftsinteresse 88
Benchmarking 40
Berufungsausschuss 101 (siehe auch Einigungs- und Einspruchsstelle)
Beteiligungsmotive 71
Beteiligungsquote 21, 37, 43 ff., 53, 59, 82, 88, 95, 109
Betriebsführung 21, 28, 41, 53, 125
Betriebsklima 38, 39, 51, 73, 77, 115, 124
Betriebsrat 26, 30 ff., 70, 81 f., 87–91, 106
Betriebsvereinbarung 25, 68, 77, 81, 87, 90, 93, 96, 106, 110, 112
Betriebsverfassungsgesetz 25, 68, 87, 123
Beurteilungssystem 75
Bewertung (von VV) 66, 164, 180
Bewertungskommission 103
Bezugsrahmen (des BVW) 124, 153
Bildungsmaßnahmen 75
Blamage (Bloßstellung) nach unten nach oben 48, 50, 94
Bundesarbeitsgericht 25, 95
Bürokratisierung 26 f.
BVW-Beauftragter 30 ff., 81 f., 92–99, 102 ff., 106, 163, 178

211

BVW-Einigungsstelle/Einspruchs-
  stelle (siehe Rekursstelle)
BVW-Geschichte 22 ff., 123
BVW-Kommission 100 f., 104, 178

Contra-BVW-Argumente 26 f.
Controlling 99, 122, 142

Denkschwierigkeiten (bei VV-
  Einreichern) 48
Deutsches Institut für Betriebs-
  wirtschaft e.V. (DIB) 22, 24, 40,
  43, 61 ff., 87, 93 ff.
Dienstweg 77 f.
Durchführungsquote 37, 74, 81

Effizienz 36 ff., 124 f. (siehe auch:
  Annahme- und Beteiligungsquote)
Einführungsbarrieren (gegen BVW)
  102 f.
Einigungsstelle 101 ff. (siehe auch
  Einspruchsstelle)
Einreicher 104, 111
Einreicherdichte 108 f.
Einreichergemeinschaft 105, 114,
  118, 126
Einreichung 49, 79, 163, 177
Einreichungsweg 77 f.
Einspruch(-sstelle) 101, 106,
  (-srecht) 167, 182, (-sausschuss)
  167
Einstellung (zum BVW) 87, 113
Einzeleinreicher (Bedeutung des -)
  108

Empfehlungscharakter 169, 173, 184
Entscheidungsüberlegungen (zur
  Einführung des BVW) 156 ff.
Entwicklung des BVW 22 ff.
Erfindungen 167, 183

Fachgutachter (siehe Gutachter)
Fähigkeitsbarrieren 47 ff., 124
Fertigung (Zuordnung des BVW
  zur -) 93
Fortschritt, technischer 30 f., 35, 38
Führungsgrundsätze 56, 124, 154
Führungsinstrument (BVW als
  Personalführungsinstrument) 29 ff.,
  35 f.
Führungskräfte 25, 67 f., 81, 85,
  106, 146
Führungsstil 124, 154

Geschäftsführung (siehe
  Unternehmungsleitung)
Gewerkschaften 25 f., 61 f., 68
Gleichgültigkeit 48 f.
Gruppen (formale -, informale -)
  105–122
Gruppenanreizsysteme 115 f.
Gruppenarbeit 110, 112, 148
Gruppeneuphorie 108
Gruppenvorschlag(-swesen) 105,
  110 f., 113, 115, 117 f., 126, 165,
  181
Gutachter 72, 76, 80, 97, 99 f., 104,
  106, 164, 178

212

Höchstprämie 59, 63 f.
Humanisierung(-sinstrument) 34, 56, 94, 118
Humanisierungsziel 30, 56, 70

Ideendatenbanken 149
IDEE-SUISSE 24, 41, 159, 161, 171, 175, 185
Ideenmanagement 24, 129, 149, 155
Ideenpotential 49
Ideenteam 114
Informationspolitik 57
Innovation 56
Innovationsinstrument 126 ff.
Innovationsinstrumente-Mix 124, 129 f.
Innovationsmanagement 40, 129
Innovationspromotor 140
Innovationsziele(-förderung) 21, 56, 68, 118
Institutionen (auf dem Gebiet des BVW) 159

Japan 74

Kaizen 21, 32, 137
Kennziffern 125 (siehe auch Effizienzkriterien)
Kollegen(-furcht, -reaktion) 48, 50, 72, 75, 112 f.
Kommunikation(-skanal, -sfluss) 34, 77, 115,
Konfliktfelder 34
Konkurrenzsituation 31, 35

Korrekturfaktoren 63 ff.
Kosten-Nutzen-Relation (des BVW) 27, 30, 95
Kreativität(-stechniken) 127

Lernstatt 21, 36, 68, 114
Linienaufgabe/Linienfunktion (BVW als -) 96

Machtpromotor 81, 94
Management-by-Objectives 56, 139
Meister 85
Mindestprämien 63 f.
Mitarbeit, schöpferische 70 f.
Mitarbeiter-Beiträge 45 f.
Mitarbeitergespräche 56, 60
Mitbestimmungspraxis 88
Motivationsinstrument (BVW als -) 21, 34, 76
Muster-Reglement (für das BVW) 161 ff.

Nachprämiierung 62, 68
Nachrichtendienst (BVW als -) 86
Neuererwesen (DDR) 57
Nutzen (von VV) (quantifizierbarer -) 61 ff., (nicht quantifizierbarer -) 66 f.

Organisation(-seinheit, -sstrukturen) 27, 76-122, 108, 118, 124
Organisationsentwicklung 79, 126, 130
Organisationsplanung 127, 130

Organisationsseminar der
Universität zu Köln 22, 108 (siehe
auch: Belegschafts- und
Spitzengruppenbefragung)
Organisatorische Eingliederung (des
BVW) 93 ff.
Österreich 23 f., 29, 41, 44, 66, 99,
105
Österreichisches Produktivitäts- und
Wirtschaftlichkeits-Zentrum
(ÖPWZ) 24, 41, 44

Patent(-wesen) 37, 129 f. (siehe
auch: Arbeitnehmererfindung)
Personalaufwand (im BVW) 26
Personalbereich (als
Organisationseinheit) 93
Personalbereich (Zuordnung des
BVW zum -) 93 f.
Personalentwicklung 36, 56, 75 f.,
118, 126 f., 130
Persönlichkeitsentfaltung 30 f., 38,
59
Pflichtenkreis, dienstlicher 113, 118
Prämien (-systeme) 25 ff., 37, 59,
69, 71, 73 f., 91, 104, 106, 117
auch Grundprämiensysteme)
Prämienarten und -höhen 37
Prämienberechtigte 67 f.
Prämienplan 164 ff.
Prämiensatz 61 f.
Priorität 166, 181
Produktivitätssteigerung 30 f., 35,
38, 59

Projektmanagement 130
Promotorenfunktion 89, 140
Prüfungskommission (siehe BVW-
Kommission)

Qualitätszirkel 21, 36, 68, 115 ff.,
126

Rationalisierung(-sinstrument) 21,
29, 39, 118, 126
Realisierung 166
Rekurs(-stelle) 101–105,
(-kommission) 167
Risikobarrieren 47 ff., 76, 115, 124

Schriftzwang (für VV) 79
Schwachstellen (im BVW) 90 f.
Schweiz 23 f., 27, 29, 41, 45 f.,
66 f., 105
Schweizerische Arbeitsgemeinschaft
Vorschlagswesen und
Ideenmanagement (SAV) 24, 41,
45 f., 159 (siehe auch: Schweiz)
Sonderaktion (im BVW) 106
Sozialabgaben 62
Sperrfristen 68, 166, 182
Spitzengruppen-Befragung 57 ff.,
67, 75, 83, 94 f., 127
Stabsaufgabe/Stabsfunktion (BVW
als -) 96
Statusangst 50
Stellenbesetzungsmaßnahmen 75
Steuern (auf VV-Prämien) 25, 62 f.,
100

Strategiesystem, betriebliches 56, 124

Technischer Bereich (als Organisationseinheit) 95
Teilnahmeberechtigung 163, 177
Top-Management 81–86 (siehe auch Unternehmungsleitung)
Total Quality Management 127, 136
Training (Schulung) 36, 110, 114, 118

Überschaubarkeit (der BVW-Organisation) 103
Umweltschutz-VV 67
Unfallverhütung (siehe Arbeitssicherheit)
Unternehmungskultur 53–55
Unternehmungsleitung 81, 96, 101, 125 (siehe auch: Top-Management)
Unternehmungsziele 56
Urheberrechte 172
USA 115, 117

Verbesserungsprozess, kontinuierlicher 136
Verbesserungsvorschlag 28, 106 f., 162
Verwaltung (Zuordnung des BVW zur -) 93 f.
Vorgesetzte 47 ff., 77 f., 91, 111
Vorgesetztenmodell 86, 92, 98 f., 138
Vorprämien 165, 181

Vorschlagsabgabe 77 f.
Vorschlagsbearbeitung 80
Vorschlagsfähigkeit 47
Vorschlagsgruppen 137
Vorschlagskommission 164, 178
Vorschlagskontaktleute 164, 179
Vorschlagsmotive 71
Vorschlagswesen-Statistik 43 ff.
Vorschlagszirkel 110, 126

Werbehäufigkeit 58 f.
Werbemittel 57 ff.
Werbung 57 ff.
Werkszeitung 58, 72
Wertanalyse (Wertgestaltung) 126, 130
Wettbewerb (Ideen-) 58
Willensbarrieren 47 f., 76, 103, 115, 124
Wirtschaftlichkeit(-sverbesserung) 21, 30 ff., 38, 56, 59
Wissensmanagement 155
Wuppertaler Kreis e.V. 22

Zeitaufwand (für das BVW) 26, 102
Ziele (des BVW) 29–46
Zielsystem (betriebliches) 56, 124
Zusammenarbeit, vertrauensvolle 27, 88

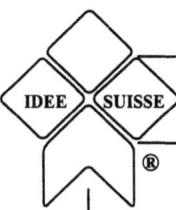

Wir fördern Mensch, Kreativität, Innovation

Verbandsporträt

IDEE-SUISSE®
Schweizerische Gesellschaft für Ideen- und Innovationsmanagement

... wurde am 29. Januar 1981 in Zürich in der Rechtsform eines Vereins im Sinne der Art. 60 ff. ZGB gegründet und ist seit dem 15. August 2000 im Handelsregister des Kantons Zürich eingetragen. Seit 2. April 1997 ist «IDEE-SUISSE®» eine eingetragene Schweizer Marke, deren alleiniger Eigentümer der Verband ist;

... versteht sich im schweizerischen Wirtschaftsraum als Aktionsgemeinschaft kreativer und innovativer Kräfte und steht natürlichen und juristischen Personen zur Mitgliedschaft und Mitwirkung offen;

... erfüllt seit 1981 mit der Bezeichnung «IDEE-SUISSE®» den Service public im Sinne von «idée-suisse - vision-suisse - action-suisse»© und ging damit einen Vertrag mit der Zukunft ein;

... tritt für eine innovationsorientierte Wirtschaftspolitik mit Förderung des Ideen- und Innovationsmanagements ein und wirkt so als «Broker for Ideas and Innovation»;

... stellt sich die Aufgabe, Grundlagen für ein effizientes Ideen- und Innovationsmanagement in Wirtschaft, Verwaltung, Dienstleistung sowie Politik und Wissenschaft zusammen mit dem neuen Berufsbild «Ideen-Manager» zu schaffen;

... vermittelt die erarbeiteten Erkenntnisse durch Vorträge, Aus- und Weiterbildung, Informationsschriften, Erfahrungsaustausch, fachliche Zusammenarbeit, Betreuung der Homepage www. idee-suisse.ch und Herausgabe der Schriftenreihe «Kreatives Management»;

... zeichnet jährlich seit 1988 aussergewöhnliche kreative und innovative Leistungen im Ideen- und Innovationsmanagement mit dem «Goldenen Ideen-Oskar©» aus und verleiht seit 1985 den «Schweizer Innovationspreis zur Förderung der wirtschaftlichen Zukunftschancen©» zusammen mit der Auszeichnung «Innovative(r) Unternehmer(in)»;

... unterstützt die Forschung und die Lehre an Fachhochschulen und Universitäten im In- und Ausland in praxisbezogener Hinsicht;

... ist der Zielsetzung «Wir fördern Mensch, Kreativität, Innovation» verpflichtet;

... ist Mitglied der Schweizerischen Akademie der Technischen Wissenschaften SATW.

Leitmotiv:

«Kreativität und Innovation sind die Bausteine unserer Zukunft. Die Bewältigung wird davon abhängen, wie stark es uns heute gelingt, das schöpferische Potenzial des Menschen freizusetzen, sein Ideengut mit Umsetzungswillen zu paaren und durch Koordination der positiven Kräfte gemeinsam ein für unser Land tragfähiges Netz zu knüpfen.»